心がフワッと軽くなる！
2分間ストーリー

ささきかつお

PHP文庫

○本表紙図柄＝ロゼッタ・ストーン（大英博物館蔵）
○本表紙デザイン＋紋章＝上田晃郷

まえがき

ある女優さんの話です。

ＮＨＫ連続テレビ小説のヒロインに抜擢《ばってき》された彼女は、プレッシャーに圧《お》しつぶされそうになっていました。

彼女の様子を感じ取ったのは、主人公の祖母役を演じていた大ベテランの女優さん。撮影の合間に声をかけました。

「今日、私が言うセリフは主人公にではなく、演じているあなたに言いたいの」

そう言って迎えた本番。

「悩んでいたわね」と語りかけます。

「うん……」

「いいのよ、それで。険しい道よ。でもすばらしい道」

人生の先輩として主人公に助言を与え、女優の後輩をも激励する言葉に、彼女は感激して、大役をまっとうできたそうです。

またこれは、あるアイドルグループの話です。

現在は卒業しているSさんは、ある先輩の言葉が忘れられません。

はじめて選抜メンバーに選ばれたものの、PV（プロモーションビデオ）を見るとほとんど映っていませんでした。投票してくれたファンに申し訳なくて、その場から立ち去ろうとすると、先輩が追いかけてきて、トイレに連れ込まれます。

「我慢していたらイライラしちゃうし、溜め込んじゃダメだよ。全部出さなきゃスッキリしないよ！　泣いたっていいんだよ！」

そう言われてSさんは大泣きし、自分の実力不足に気づいたそうです。

Sさんを励ましてくれた先輩には、こんなエピソードもあります。グループの一人ひとりが自己紹介をするとき、メンバーが「イェ――イ！」と歓声をあげて盛り上げてくれるのに、彼女が自己紹介したときだけ、歓声が小さかったそうです。なぜだと思いますか？

それは、彼女がいちばん大きな声を出していたから。

自分の紹介のとき、「イェーーイ！」と歓声はあげられませんものね。

いま、これを書いているのは2022年の春。

新型コロナウイルスの感染拡大で経済は低迷し、自粛、自粛の日々。リモートワークが推奨され、コミュニケーションのとり方が変わり、減少しました。

さらには、ロシアによるウクライナへの軍事侵攻……混沌《こんとん》としている世界情勢に、言いようのない閉塞《へいそく》感を抱えている状態です。

で、この本を手に取られたあなた――冒頭の二つの話を読んで、ちょっとだけ心がフワッとしませんでしたか？

人と出会い、言葉をもらって、人生が変わっていくことがあります。

この本は、そうした出会い、言葉を紹介して、読む人の心を少しでも軽くしてもらおうと思ってつくられたもので……あ、そうそう、自己紹介が遅れました。

ささきかつお、と申します。

児童書を中心に創作活動をしていますが、出版社で編集者をしたのち、書評家、ライターを務め（シンガーソングライターのさだまさしさんの会報誌などをやらせていただきました）、作家としてデビューしてからは、ジャンルにこだわらず「よろず文筆屋」として本を出しております（日本語教師もやってるんですよ）。

かなり「何でも屋」の私ですが、これまでに知り合った人たちから聞いた話、読んできた本、そして自身の体験などを思い出しながら、たくさんの「いい話」をご紹介して、生きづらい世の中にいるみなさんの気持ちを、少しでもフワッとさせることができたらいいなと思っています。

本書は、四つのメニューから構成されています。
第1章は、やさしさにウルッとなる話。
第2章は、だから人生はおもしろい、の話。
第3章は、へえぇ～とうなってしまう話。
第4章は、情熱的な人生に胸アツの話。

重たい話ばかりでは疲れてしまうので、幕間《まくあい》に、「ユーモアブレイク」と題したおもしろネタも入れています。

それぞれ独立した、2〜4ページの短い話です。

どこから読んでいただいてもかまいません。

『心がフワッと軽くなる！ 2分間ストーリー』と題したこの本。寝る前、電車に乗っているとき、猫と一緒に寝転がっているとき、病院の待ち時間などなど、ちょっと手にしてパラパラとお読みいただければと思います。

それでは短い間ですが、おつきあいのほど、よろしくお願いいたします。

目次

心がフワッと軽くなる！ 2分間ストーリー

まえがき…… 3

第1章 やさしさにウルッとなる話

第2章 だから人生はおもしろい、の話

第3章 へぇ～とうなってしまう話

第4章 情熱的な人生に胸アツの話

第1章

やさしさにウルッとなる話

「お前だけだよ」

北野さき——という方をご存じですか？

〝お笑いＢＩＧ３〟の一人、ビートたけし（映画監督としては北野武）さんのお母さんです。たけしさんとのエピソードは、ドラマなどで広く知られています。

たとえば、たけしさんに会うたびにお金をせびっていたけれど、実はたけしさんの人気がなくなったときのために、１０００万円近く貯金をしていた——という話は有名です。

そんなたけしさんとのエピソードが数多く知られるさきさんですが、彼の兄で、化学者で大学教授の北野大《まさる》さんにも、こんな素敵な話があります。

大さんが高校生のときです。

中学校まではトップクラスの成績だったのに、入学した高校は進学校だったこともあって、成績の順位はズルズルと落ちていきます。大さんにとっては初めての挫折でした。

落ち込んだ日々を送っていたある日、学校から電車で帰ってくると、駅でさきさんが待っていたそうです。

「お腹が減っただろ」

さきさんは、彼をお寿司屋さんに連れていきました。

たけしさんのドラマなどでも知られるとおり、当時の北野さん一家は、家族全員でお寿司を食べにいける経済状況ではありません。

母親は、４人も子供がいるなかで、自分だけをお寿司屋さんに連れていくために、駅で待っていたのだと大さんはわかります。

お寿司屋さんでは「元気をつけて、勉強もがんばるんだよ」と励ましてくれます。

そして**最後にかけてくれた言葉が、大さんを奮い立たせた**のです。

「お前だけだよ、お前に期待してるんだよ」

大さんが、ああ……自分は子供たちのなかでも、母親の愛情をいちばん受けているんだと実感した瞬間でした。

決して頭が良いというわけではない、と自認していた大さんでしたが、良くないなりにも努力することができたのは、さきさんの「お前だけだよ」が原点だったそうです。

その後、「少しでもいい成績をとって、早くお金を稼いで、おふくろに喜んでもらおう」と、大さんは努力を重ねて大学に進学。企業で働いたのちに大学の教授職につくなど、その後の活躍はみなさんもご存じのとおりです。

ですが……この話には後日談があります。

後年になってわかったのは、さきさん、北野家の子供全員に、

「お前だけだよ、お前に期待してるんだよ」

と言っていたそうなんです（笑）。

「あのおしゃべりな弟（たけしさん）も、それだけはなかなか白状しなかった」そうです。

（参考：北野大「お前に期待しているんだよ」『PHP』2004年2月号　PHP研究所）

台所にあったレシピノート

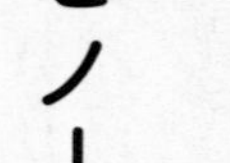

家族の手料理は、ありがたいものです。

個人的に、印象に残っているテレビ番組があります。日本各地から東京の大学に進学した5人の学生たちに、それぞれの母親がつくった5種類の味噌《みそ》汁を食べてもらい、どれが自分の母親の味噌汁かを当ててもらう、というものです。

これが見事に、全員が母親の味噌汁を当てるんですよね。「おふくろの味」とはよく言ったものです。

Nさん夫婦は、Nさんの両親と同居していました。

奥さんも、もちろん料理はするのですが、料理好きな義母を気遣って、台所ではあまり手を出さないようにしていました。

代わりに――というわけではないのですが、肩こり持ちの義母を、奥さんはよくマッサージしていました。

ある日、「お義母さんの肩が、細くなった気がする」と心配する奥さん。

「だいじょうぶよ。なんでもない」

病院嫌いのお母さんは、そう気丈に答えていましたが、「そろそろ、お台所を手伝ってもらおうかしら……」

と言った矢先に倒れ、そのまま帰らぬ人に……。

台所には、奥さんが立つことになりました。

料理本を見ながら、一所懸命につくってくれていることはわかっている。けれど長年、母親の料理に慣れ親しんできたNさんと、伴侶を失った彼の父親は、おいしいと思うのだけれど……やはり、ちょっと、違う。

そんな日々がしばらく続き、Nさんも、お父さんも、母親の味を忘れかけていたころ。

奥さんがお父さんの大好物の「肉じゃが」をつくってくれました。

お父さんは喜んでいますが、Nさんは心配です。母親の味とは違うだろうし、お父さんががっかりすれば、奥さんもがっかりしてしまうだろう……。

お父さんが、肉じゃがを一口。

「……お口に合いますか？」

おそるおそる、奥さんが尋《たず》ねると、お父さんは「この味は……」と。

明るんだ表情を見た奥さんは立ち上がって、台所に行きます。

戻ってきたその手には1冊のノートがありました。

「台所を整理していたら、引き出しの奥から出てきたんです」

表紙には、『わが家の味。○○さんへ』と母親の字が。

ノートを開くと、**亡き母親から、奥さんに贈られたNさん宅の料理のレシピが一品一品、几帳面《きちょうめん》な字でびっしりと書き込まれていました。**

《フライパンの隅に、みりんをチャッと入れて炒《いた》めてね。コクが出るから》

《ここから弱火、急いじゃダメ。煮る前に熱湯をかけて、火傷《やけど》しないように》

どれも、奥さんに語りかけるように書かれていました。

ノートの終わりのほうでは病状が進んでいたのでしょう、ミミズが這《は》ったような字になっていて……そして最後に、こう書かれてあったそうです。

《あとのことはよろしくお願いします》

（参考：西堀博久「食卓に母がいる」『PHP』2007年2月号　PHP研究所）

健さんとの約束

名優、高倉健さんの人柄がわかるエピソードは数多くあります。
たとえば、「撮影現場で健さんが座らないから、ほかのみんなも座ることができなかった」というもの。
これは共演したビートたけしさんがいじったもので、健さんは「全部、たけちゃんのつくり話で迷惑しています」「俺が座らないって言いふらすもんだから、座れなくなったよ」と返していました。
お笑いコンビ、ナインティナインの岡村隆史《たかし》さんには、健さんとのこんなエピソードがありました。小田貴月著『高倉健、その愛。』（文藝春秋）などを参考に、ご紹介します。

映画「鉄道員《ぽっぽや》」で、健さんが2000年の日本アカデミー賞最優秀主演男優賞を受賞したときのことです。

贈呈式の会場には岡村さんもいました（主演映画「無問題《モウマンタイ》」で話題賞を受賞されています）。

インタビューで、「目標とする役者は」と聞かれた岡村さん。

「やっぱり高倉健さんみたいになりたいなと思います」（前掲書）

ウケをねらって言ったところ、場内はドン引き……。

どうしよう……と岡村さんは焦ります。

冷えきった会場の雰囲気を変えたのは、健さんでした。

すうっと立ち上がった健さんが、――パン、パン、パン……。

拍手をしてくれたのです。

健さんの拍手で、場内は（これでいいんだ）という雰囲気になったそうです。

贈呈式のあと、**健さんは岡村さんのところへ歩み寄って、「いつか一緒にお仕事しましょうね！」**（前掲書）**と声をかけてくれました。**

その後、体調を崩して芸能活動を休んでいた岡村さんを手紙などで励まし、映画「あなたへ」で共演を果たします（健さんが演じる主人公が立ち寄った大阪の店にいた、阪神タイガースファンの客の役）。

贈呈式での約束から、12年後のことでした。

そして、それが高倉健さんの、最後の出演映画となりました。

（参考：『高倉健、その愛。』小田貴月　文藝春秋ほか）

沖縄オバアの弁当

誰しも、忘れられない旅の思い出がありますよね。

私は沖縄が大好きで、新型コロナ前には年に一度は行っていたリピーターですが、そうなった理由の一つに、ある「出会い」がありました。

1995年の夏、初めて沖縄本島を訪れたときのことです。

戦跡めぐりをしようと那覇《なは》からバスに乗り、糸満《いとまん》という町のバスターミナルで、どれに乗り継げばいいか迷っていると、「一緒に行こうねえ」と一人のオバアに声をかけられました（オバア――沖縄の方言で「おばあさん」のことです）。

そのオバアに従って南部戦跡方面行きのバスに乗りました。私が行きたかった

「ひめゆりの塔」は「あとで行こうねえ」と通過……。

向かったのは「平和の礎《いしじ》」。いまでこそ有名な場所ですが、当時の私は聞いたことがなく、波のような石の群れが広がるばかり。

「私の家族を、あなたに探してもらいましょう」と、入口付近にある検索システムまで連れていかれます。

「住んでいたのは首里《しゅり》ね、名前は照屋《てるや》……」

言われるままに入力すると、オバアの家族たちが現れました。沖縄戦などで亡くなった人たちの名前が石碑に刻まれている、とそのときわかったのです。

（そして、オバアが私をナビとして利用していることも……笑）

「この名前は私のオバア、こっちは妹で、こっちは隣の家の人、みんな戦争で死んじゃった」と手を合わせるオバアの横で、私も冥福《めいふく》を祈りました。

「次はあっちね」と、オバアは各県ごとの慰霊碑に向かいます。慰霊碑の下には、召集されて南の島で戦死した兵士の遺骨がまとめて埋葬されているそうです。オバアの旦那様もいるとのことで、夫婦の会話に入るのもどうかと思い、私は距離をおいて彼女が戻るのをベンチに座って待っていました。

「さあ、お昼だから弁当を食べましょうねえ」

戻ってきたオバアがいきなり弁当を渡してきます。炊き込みごはん、野菜の煮物。どれもおいしそうだけど、**弁当は一つしかありません。**

「いや、これ、オバアの弁当でしょ？　私が食べるわけにはいかないですよ」

「いいから、食べなさい！」

……すごい圧（笑）。彼女の気分を害してはいけないと思って食べました。

おいしい。でも、何で私が食べるのだろう？

「よく食べてくれたね。さあ、ひめゆりの塔に行きましょうねえ」

そして「ひめゆり平和祈念資料館」で、オバアは生き証人として語ってくれました。遺影を指さし、「あの子ね、私の友達」。

「……」もう、何も言えなくなってしまったのを覚えています。

帰途はタクシーに二人で乗りました。バスだと飛行機に間に合わないからです。運転手さんとオバアが交わす会話は方言でまったくわかりません。那覇のバスターミナルでオバアと別れると、タクシーは空港へ。

「あのオバア、お客さんのこと、ほめてたのわかりました?」と運転手さん。

「いや、方言なので、まったく……」

「見ず知らずの年寄りの弁当を、この若者は全部食べてくれた。感心したって」

「そんなこと言ってたんですか……でも、何で私に食べさせたんでしょうね」

「あれね、お客さんの歳のころに亡くなったご主人に供えてたやつなんですって。この暑さじゃ、オバアが家に帰る前に傷《いた》んじゃうからね」

「……」

あれから20年以上の歳月が流れましたが、いまでもオバアの弁当のことは鮮烈に記憶に残っています。こんな出会いがあった沖縄が、いまでも大好きです。

神様がくれた休暇

作家は書くことが仕事。毎日、パソコンに向かって原稿を書いています。

料理人は、料理をつくります。包丁、鍋など、調理器具を使って。

では歌手は——当たり前ですが、歌うことが仕事、自分の「声」を使って。

ここで紹介したいのは、岩崎宏美さんのエピソードです。

「ロマンス」や「聖母《マドンナ》たちのララバイ」など、数多くのヒット曲で知られ、その伸びやかなハイトーンボイスは、聞く人を魅了します。

でも、そんな美しい歌声を聞かせてくれる宏美さんにも、歌手として絶体絶命

のピンチがありました。2001年、声帯にポリープができて、彼女本来の声がまったく出なくなってしまったのです。

医師からは、「治すには手術しかありません」と言われます。今日では術後にすぐリハビリが始まるようですが、当時は術後1カ月、声を出すことも許されなかったそうです。

手術で元の声を取り戻せるのだろうか？

いつ復帰できるのだろうか？

不安ばかりが襲ってきます。けれども歌手である以上、「今日は声が出にくくて」とも言えず、しばらくは騙《だま》し騙し、歌いつづけていました。

しかし、ついに限界を超えてしまいます。

あるコンサートで、「こんばんは――」と最初の言葉を発した瞬間、ガラガラ声に……。

折しも、2001年のこのとき。

さだまさしさんが作詞・作曲してくれた、シングル「夢」の発売時期でした。デビューまもないころから、彼女のことを気にかけてくれたさださんは、宏美さんにとって「生き神様」(本人談)でした。

「でも、宏美は僕を『まさし』って呼び捨てにするんだよね――」と、さださんはコンサートなどで笑い話にしています……って余談でした。

宏美さん、さださんに歌をつくってもらうのが長年の願いでした。

「山口百恵ちゃんに『秋桜《コスモス》』があって、なんで私にないのよ」と訴えて、本当につくってくれたのが、この「夢」だったのです。

せっかく、さださんに「夢」をつくってもらったのに……宏美さんは、さださんに直接、お詫《わ》びの電話を入れます。すると、さださんは――。

(これは、神様がくれた休暇だよ。君はいままで休まずにずっと歌ってきたんだ。

一度リセットして、また新たにがんばれっていうエールなんだから、何も心配しないで、ゆっくり治せばいいよ）

宏美さん、涙が止まりませんでした。

アドバイスを受けた宏美さんは手術を受けました。のどの筋力が戻るのに1年以上かかったそうです。

何でも一人で背負ってしまう性格も変わりました。

コンサートでもずっと歌いつづけるのではなく、楽器演奏者に弾いてもらったり、妹の岩崎良美さんに出演してもらったりするなど、人に頼んで協力してもらえばいいと思うようになりました。

そして何より歌えることは、当たり前ではなく、奇跡なのだと気づくことができたそうです。

（参考：岩崎宏美「神様がくれた休暇だよ」『ＰＨＰ』２０１７年10月号　ＰＨＰ研究所）

屋上で食べたお弁当

Wさんは、物心がついたときから、誰にも関心をもたれない日々を送っていたそうです。

父と母は仲が悪いだけでなく、それぞれが自分のことだけで精一杯だったようで、彼女が学校をサボっても注意されたことがありませんでした。いまでいうところの「ネグレクト」（育児放棄）状態だったのです。

そんなこともあって、心を閉ざしていたWさんでしたが、中学校に入学すると50代半ばの、ちょっと頼りなさそうな先生と出会います。

当時、彼女が通っていた中学校には「お弁当デー」という日があり、その名のとおり、お弁当を持参しなくてはいけませんでした。

クラスメートは色とりどりのお弁当を持ってきますが、Wさんは、そんな家庭環境ですから、お弁当をつくってくれる人はいません。毎週、「お弁当デー」になるとパンを買って、屋上に行って、一人で食べていました。

いつものように、屋上でパンをかじっていると、「お、うまそうなパンだな」と、その先生が声をかけてきました。さらに、「先生の弁当と、とりかえてくれよ」

そう言って、**返事も聞かずにパンを取り上げて、彼女の膝の上に弁当を置きました。**おにぎりが二つ、ウインナー、から揚げ……食べてみると、どれもおいしくて、涙が出そうになります。

（こんなお弁当を、一度でもいいからつくってもらいたいなあ）

その日から、先生は「お弁当デー」になると屋上にやってきて、Wさんのパンと、自分の弁当を交換してくれるようになりました。

徐々に、先生に心を開くようになったWさんが、あるとき、「先生の奥さんって、料理が上手なんですね」と聞くと、意外な答えが返ってきました。

「これは、俺がつくってるんだ」

先生は奥さんを病気で亡くしてから、一人で子育てをしていて、子供のために弁当をつくるようになったとのこと。さらに、

「Wにもつくり方を教えてやるよ。自分でつくれるようになれば、お弁当デーだって、きっと楽しくなる」

そう言われてWさんは休日、先生の家に行くことにしました。

そこにはWさんだけでなく、高校生くらいの人たちがいて、わいわいと楽しく先生から料理を習っていたのです。聞けば彼らは先生の元教え子たちで、Wさん

と同じように家庭に問題を抱えている人たちでした。

Wさんも、そのなかに加わって、玉子焼き、から揚げ、炊き込みごはんを習っていきます。中学校を卒業して、高校生になってからも通っていたWさんに、先生は「お前はいちばん上達が早かったから、調理師にならないか?」と。

その言葉がきっかけで将来を考えるようになり、高校卒業後はレストランのアルバイトを経て、その後、社員となりました。独り立ちしたことを報告しようとした矢先、先生は急逝されてしまいましたが、玉子焼きをつくるたびに、Wさんは、いまの自分を導いてくれた恩人のことを思い出すそうです。

(参考:鷲尾愛子「心が満たされる味」『PHP』2009年4月号 PHP研究所)

二度と会えないかも……

東京から南におよそ2000キロメートル——台湾はグルメやエンタテインメントなど、日本でも人気があります。

そんな台湾に魅せられた一人が、私の友人のMさん。

十数年前に短期留学で訪れてからズッポリとはまってしまった彼女は、日本語教師のほか、中日翻訳、台湾に関わるライターとして活動しています。

1年のうち1カ月以上は台湾に滞在し、現地の文化や歴史、中医学（漢方）の養生法など、気になるテーマを探求しています。

長らく台湾に通い、現地の人たちと懇意になってきた彼女によると、「日本人と台湾人との違い」をいろいろ感じるそうです。たとえば、日本人は、すぐ「お礼」「お返し」をしようとする。

結婚披露宴の帰りには引き出物を渡され、葬式の帰りには香典返しがその場でついてくる。

日本人の私としては、それは「当たり前」だと感じています。お礼、お返しに時間をかけたら、相手に対して不義理ではないか——そんな強迫観念すら感じますものね。

ところがMさんによると、台湾にいると、お返しが早いことは「失礼で水くさい」と思われるそうです。

まるで、その人は「そそくさと関係を解消しようとしている」ように捉えられてしまうわけです(日本人的にはまったく悪気はないんですけどね)。

Mさんが、一人で台湾をめぐっていると、いろいろな親切を受けます。

彼女的には「旅の一期一会《いちごいちえ》」をそれっきりにしたくないので、努力を心がけていました。ＬＩＮＥを交換したり、フェイスブックで友達になったり、そのときに出会った人たちと、絶対にまた会いたいと思うし、割とそうしていました。

でも、連絡先を交換することなく、そのまま別れる人もたくさんいます。通りすがりの出会いだったり、連絡先を交換する機会を逸してしまったり。

そんな人たちとの出会いのなかで、何回か、はっとする言葉を聞いたそうです。台湾のある家族とご縁ができて、食事をご馳走になったときのこと。その家の方が、彼女にこう言ったそうです。

「二度と会えないかもしれないんだから、たくさん食べていきなさいね」

Ｍさんは（えっ？）と驚いたそうです。

二度と会えなければ、「お返し」は受けられない。それでも——いや、それだからこそ、この人は、いまのこのときにできるだけ与えようとしてくれる。二度と会えないかもしれない「けど」、ではなく、二度と会えないかもしれない「から」、というのが衝撃だったのです。

なんて大きな心なんだろう。惜しみなく与えることができるって、なんて豊かな心なんだろう。

この「二度と会えないかもしれないんだから」という言葉を、彼女は台湾で何度も聞きました。出会いが多すぎて、どんなシチュエーションだったかはハッキリと覚えていません。

でも、その言葉だけは心に突き刺さって、ああ、自分もそうありたいと、いまでも思っているそうです。

蕎麦に天丼とカツ丼

50代以上の方なら、「デンセンマンの電線音頭」をご存じでしょう。

（ご存じない方はネットで検索してみてください）

伊東四朗さんの掛け声で、出演者が歌って踊るという……あらためて当時の動画を見たのですが、あれ、何だったんでしょうね（笑）。

そんな「電線音頭」ブームには、小松政夫さんの存在も大きいです。ほかにも「小松の親分さん」とか、私、けっこう好きで、テレビで見ていました。

小松さんが植木等さんの付き人、運転手をしていたことはドラマなどで知られています。小松さんの著書『昭和と師弟愛 植木等と歩いた43年』（KADOKAWA）

に素敵な話がありますので紹介します。

「親父さん」と小松さんが慕っていた植木さんは、当時、ハナ肇《はじめ》とクレージーキャッツのメンバーとして大人気でした。

小松さんが役者志望であることを知った植木さんは、行く先々で「こいつ、おもしろいから使ってやってよ」と売り込んでくれるようになります。

師匠である植木さんの休日に、師匠をゴルフ場へ送り届けた小松さん。立派なゴルフ場で、運転手の控え室もあって、ドライバーたちはそこで休憩することができるのですが、小松さんは洗車場があることに気づきます。よし、車をピカピカにしようと、3月のまだ寒いなか、洗車し、ワックスをかけ、天井から床まできれいにしました。

師匠のゴルフが終わり、クラブハウスの車寄せに迎えにいくと、錚々《そうそう》たる方々がそこにいました。総理大臣になる前の中曽根康弘さん、読売ジャイアンツの王貞治選手——緊張しながら待っていると、植木さんが現れます。

「ご紹介します。これはうちの松崎（小松さんの本名）といいます」

「この男、いまに大スターになります。みなさん、よろしくお見知りおきください」

そう言って車を見た植木さんが、「おい、新車を買ったのか」と。

「いえ、先ほど掃除しました」と小松さんが答えると「うわあ、ピッカピカだな、おい！ こりゃあ、すごいやあ」と。

弟子が何をしていたのかを、植木さんはわかっていたんですね。

そして、ゴルフ場からの帰り。

車の掃除に夢中で、昼食をとるのを忘れていた小松さんに、植木さんは蕎麦屋さんに入ろうと言います。

メンバーがゴルフ中に運転手が昼食をとると、請求書がまわってくるのですが、それがなかったことに植木さんは気づいていました。

小松さんは師匠に遠慮して、かけ蕎麦を注文。

植木さんはというと、天丼と、カツ丼。

すごいなあ、芸能人はどんぶり2杯も食べるんだ——と小松さんが感心していると、まず、かけ蕎麦がやってきます。

「伸びないうちに食べろ」

と師匠に言われて食べているうちに、どんぶり2杯がやってきます。

すると植木さん。

「あ、そういや俺、薬飲んでないから胃が重くて食えねえんだ。いけねえ、油もん頼んじゃったよ。悪いがお前、食ってくれ」

押しつけがましくならないように、注文してくれたのです。

泣きそうになりながら、小松さんはそれを食べたそうです。

（参考：『昭和と師弟愛 植木等と歩いた43年』小松政夫　KADOKAWA）

お母さんに感謝する日

さだまさしさん、永六輔《えいろくすけ》さん、イラストレーターの和田誠さん、そして映画評論家の淀川長治《ながはる》さん——この4人に共通することは何だと思いますか？

答えは、誕生日が同じ「4月10日」であること。

さださんが若いころ、永さん、淀川さん、和田さんとで、誕生会をしたことがあったそうです。

その席で、「淀川さんがとても印象深い話をされた」と、さださんは述懐します。

——自分が生まれてきて、この歳になるまで生きてきて、悔しいこともたくさんあったし、悲しいこともたくさんありました。だけど、産んでもらってよかった、生まれてきてよかったと思っています。

誕生日は、命懸けで自分を産んでくれたお母さんに感謝する日。だから、お母さんのことを、1日中思って過ごす日にしています。

この話に、一同、胸がキュンとなったそうです。

誕生会は盛り上がり、さださんの持ち前のトークで淀川さんは大喜びだったそうです。仕事の関係でさださんが中座したあと、淀川さん。

「あの青年は愉快だね。何をしている人なの?」

そのあと永さんから、「まさし、残念ながら君はまだ無名です」というハガキをさださんはもらったそうです。

(参考:『やばい老人になろう やんちゃでちょうどいい』さだまさし　PHP研究所)

理系の原点

小学1年生の男の子が父親に、真顔で質問しました。

「どうしたら、ドラえもんに会えるの？」

まだサンタクロースを信じていた子でしたが、ドラえもんは架空の存在ということを父親は伝えました。

しばらくして男の子は父親に、また真顔で質問しました。

「タイムマシンって、どうやってつくるの？」

うーん、と父親は考えます。いまはないかもしれないけれど、いつかできるかもしれない。でもつくられていたら、未来人が現れているわけだし……。

それよりも、父親は気になったことがありました。ドラえもんは、タイムマシンにつながっているのだろう。でも……。

「どうして、タイムマシンをつくりたいの？」

答えを聞いた父親は、思わず泣いてしまいました。

幼稚園で仲がよかった友達が数カ月前、交通事故で亡くなったのです。

「**タイムマシンをつくって過去に戻って、○○くんを助けたいんだ**」

「そうかそうか……いまはつくられていないみたいだけど、君が算数や理科の勉強をがんばれば、いつかつくることができると思うよ」

友達を助けたくて、本気でドラえもん、タイムマシンのことを考えていた男の子——実は私の息子なのですが、のちに理系の学校でプログラミングや通信技術などを学び、いまはIT系の会社で働いています。

本人に当時の記憶はないようですが、彼が理系に進んだ原点はそこなのかなと、私は思っています。

ドッジボールの先輩

沖縄県の西表島《いりおもてじま》に暮らすＩさんは、少し前までダイビングショップを経営していました。私も二十数年前、Ｉさんのご指導でライセンスを取得。その後、毎年訪れては西表島のすばらしい海を案内していただきました。

Ｉさん、実は京都の出身。沖縄の海に魅せられて移住した方ですが、小学校時代は親の仕事の関係で、東京に転校していた時期があったそうです。

その東京の小学校では、関西弁をしゃべることが理由で、イジメにあっていました。休み時間の定番、ドッジボールをしていると、みなが彼を標的にしてボールを当ててきます。

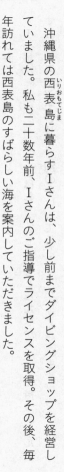

――ホンマ、かなわんなぁ……。

心のなかでボヤきながら、当時のI少年はボールから逃げまわっていたのですが、そんなドッジボール仲間に一人――右でも左でもボールを投げられる、1学年上の先輩がいたそうです。

背が高くて、かっこいいその先輩。

I少年が間近にいても、**目はしっかりと彼をとらえながら、手に持つボールをすばやくスイッチさせて、別の子に当てる**というスゴ技を使います。

正義感の強い先輩だったのでしょうし、また実は、それが彼の戦法でもあったのでしょうけれども、（**自分は守られているんだ**）とI少年はドッジボールを楽しめたそうです。

その後、Ｉさんは再び転校したので、その先輩のことはすっかり忘れていました。

時は過ぎて、ＳＮＳ（ソーシャルネットワーキングサービス）が流行しはじめると、Ｉさんは、転校していた東京の小学校のコミュニティに参加します。

《ドッジボールで、右でも左でも投げられる先輩がいたなあ》とつぶやくと、《俺さあ、いまでも右、左、どっちでも投げられるよ！》と返してきた人が……。

送ってくれた動画を見て、「この人や！」と、Ｉさんは思わず叫んでしまいました。ボールを違う方向に投げながら、しっかりとＩさんをとらえていた「あの目」は、ン十年前と変わっていなかったのです。

そんな縁から数年後、その先輩は西表島に遊びにきてくれたそうです。

息子のイニシャルを社名にしたオヤジ

私の編集者時代の後輩で、水野智宏君（仮名）という人物がいます。いまはその会社のお偉いさんなのですが、彼と飲んだときに、

「オヤジのことで、ちょっとイイ話があるんですよ」

と、ウルッとさせてくれたので、紹介しますね。

百貨店に勤めていた彼のお父さんは厳しい人で、長男である彼に対する躾《しつけ》は、それはそれは厳しいものでした。

何かやらかすと、「オヤジに、お灸《きゅう》を据えられたんですよ」（慣用句ではなく、本物のお灸を手に……だそうです！）。

（こんな家、もうイヤだ！　社会人になったら家を出よう）

ずっと思っていた彼は、大学卒業後に就職で上京。そこで私と出会っているので、つきあいはもう30年近くになります。

父親と離れて十数年がたったのち、実家近くの支社に転勤になりました。けれど、彼はすでに自分の所帯をもっており、距離を置きたいこともあって、実家に戻ることはありませんでした。

すると、定年退職したお父さんから、「会社をつくった」と連絡が入ります。

人材派遣の会社で、社名は「TMアシスト」――お父さんの名前、孝文（Takafumi）水野（Mizuno）のイニシャルから命名したようです。

孝文（Takafumi）水野（Mizuno）が、人材派遣でアシストするから「T

Mアシスト」――なんとも安易なネーミング……。

縁というのは不思議なもので、しばらくして彼の会社がその「TMアシスト」に人材派遣を発注することになったのです。

（いままでさんざん、自分に厳しくしていたオヤジだったのに、定年退職して会社を立ち上げたら、息子の会社から仕事をもらってるじゃないか。これじゃあ逆に、俺がオヤジを「アシスト」してるようなもんだ……やれやれ）

仕事の関わりは直接にはなかったものの、皮肉なめぐり合わせに、彼は苦笑していたそうです。そして……彼の話は続きます。

「数年前、オヤジはがんで亡くなったんです。それで、会社の整理をオフクロと、長男の俺とでやったんですけど。オヤジが『TMアシスト』を創業したときの書類が出てきたんです。そこではじめて知ったのは……」

「TMアシスト」の「TM」は、父親である孝文（Takafumi）水野（Mizuno）のイニシャルではなく……。

「智宏（Tomohiro）水野（Mizuno）……俺の名前だったんですよ。つまり、**オヤジは退職後、息子の俺をアシストするために、人材派遣業を始めたんです……**」

お父さんは最後までそれを言わなかったけれど、自分を助けようとしていた事実を知って、涙が止まらなかったそうです。

看護師を目指した理由

高校で先生をしていたAさんの話。

担任をしていた3年生のクラスは真面目な生徒、そうでない生徒とさまざまで、それはそれで個性だなあとA先生は思っていました。

Hさんという、決して真面目ではない生徒がいました。

しょっちゅう遅刻する。授業中に寝ている。人の話をちゃんと聞かない……。

そんな様子だから、看護師を目指していたものの、成績もかんばしくなくて受験は不合格続き。ほかの教員からは厳しい言葉が向けられます。

「いまの態度では看護師になれない。だから受験も落ちるんだ」

「落ちたほうが本人のためだ。ほかの進路を考えたほうがいい」

けれど、担任のA先生は、周囲の先生ほど厳しく言うこともなく、悲観的な見方はしていませんでした。

A先生が見守っていると、本人は決してあきらめることなく、なんとか短期大学の看護学科に合格します。

でも、相変わらずの性格だったHさん、看護学科の厳しい授業についていけず、1年が過ぎた時点で留年が決定。

「今後、どうしよう……」

迷っている、という連絡がA先生にありました。

それでもA先生は深く心配はせず、あまりとりあわずに放っておきました。

その理由——実は進路指導のとき、Hさんは看護師になりたい理由を自分からは何も言わず、何を聞いてもはぐらかしていました。その態度に、「なめてる」「あんなやつ、絶対、看護師になんかなれん！」と先生たちをイラつかせることも。

でもある日、お母さんがA先生に、こっそり教えてくれたそうです。

「先生、内緒にしてくださいね。あの子、2年前に弟を病気で亡くしてるんです。**他の兄弟は病気の子を見てるのがつらくて病院に来なかったけど、あの子だけはしょっちゅう来ては弟を笑わせてくれてたんです。**多分、その経験があって看護師になりたいんだと思うんです」

だからA先生は、Hさんをずっと信じつづけていたのです。

その後、彼女は奮起して夢を叶え、国家試験に合格。いまは大きな病院で活躍しているそうです。

女の子の「お世話さまです」

「お世話さまです」

東北を中心に、東日本で使われる言葉です。西日本では馴染みのないものですから「?」となる方もおられるかと思います。

２０１１年の東日本大震災の発生翌日。

警察官のＩさんは、関西の職場から宮城県へ派遣されました。

そこでよく耳にしたのが、冒頭の「お世話さまです」。

相手をねぎらう意味のあるこの言葉は、「一人でも多くの被災者を助ける」と心に誓って現地入りしたＩさんには、特別な意味をもつものになりました。

現地で彼の前に立ちふさがったのは、瓦礫《がれき》の山、何百という遺体でした。バールで瓦礫と格闘し、家屋で遺体を発見しては安置所に運び込む毎日。当たり前ですが、遺体の数だけ、遺族がいることになります。

そんな現場で、必ず遺族の口から聞かれた言葉が「お世話さまです」でした。Iさんはこの言葉を聞くたびに、胸が張り裂けそうになったそうです。

「助ける」と決意したものの、現実の厳しさに挫折し、あきらめの気持ちに移っていったからでしょう。

はたして自分は、遺族から「お世話さまです」と言ってもらえる立場にあるのだろうか。忸怩《じくじ》たる思いを抱えていましたが、そんな彼を支えてくれた、「お世話さまです」を言った人がいました。

その日、搬送した遺体は、長い髪の若い女性でした。

津波に襲われて命を落としたその女性は、ポケットにあった診察券から身元が判明し、遺族であるご主人と、幼稚園児の娘さんと対面します。

号泣するご主人。その傍《かたわ》らで、柩《ひつぎ》のなかに横たわる女性に、「ママ。起きて。帰ろう。ね？」と無邪気な声で、語りかける娘さん。

Iさんにとって長い長い遺体確認の時間が終わり、翌日、引き取りに来る二人を出口まで見送ったとき。**その子は気をつけの姿勢をして、こう言ったのです。**

「**おまわりさん。お世話さまです**」

Iさんは込み上げる涙をなんとか堪《こら》え、「こちらこそ、お世話さまです」と泣き笑いの顔で返すことができました。

未曾有《みぞう》の災害に心が折れそうになったとき、女の子の「お世話さまです」が魂を揺さぶり、支えてくれたのです。

（参考：出雲遥〈仮名〉「お世話様です」『PHP』2012年8月号　PHP研究所）

ユーモアブレイク

アフリカに浸透する？「アジ！」

日本語教師をしているTさんの趣味は海外旅行。しかも、普通の人が行かない国へ赴《おもむ》いて、そこで長期滞在するのが楽しいそうです。

Tさんが、アフリカのある国に滞在したときの話です。ある町に長く滞在していると、現地の人たちと顔馴染みになりました。フレンドリーな町の人たちは、彼と会うたびに、その国の公用語であるフランス語であいさつをしてくれます。

「Ça va?《サバ》」

フランス語で「元気？」的なあいさつです。

Tさんも「Ça va?」と答えます。

散歩していると「Ça va?」

ランチに出かけると「Ça va?」

いたる場所で、さまざまな人たちと「Ça va?」のあいさつを交わしているうちに、Tさんは考えます。

（毎日、この「Ça va?」じゃあ、つまらないなあ……）

考えた結果、Tさんは、ちょっとおもしろいあいさつを思いついたのです。

翌日、いつものように散歩をしていると、相変わらずの、「Ça va?」の声がTさんにかかります。

そこでTさん、今日はいつもと違う返しをします。

す（笑）。

「アジ！」

——「Ça va?」＝鯖、ではなく、アジ＝鯵と、違う魚であいさつを返したんで

いつもと違うあいさつ「アジ！」を聞いた現地の人たちは、顔を見合わせ、話しはじめます。内容はわかりませんが、多分、こんな会話。

「あの日本人、いま『アジ！』って言ったよな？」

「それが日本のあいさつの言葉なんだろ。俺たちも『アジ』って返そうぜ」

以来、Tさんと現地の人たちは「アジ！」であいさつをするようになりました。アフリカの町で、あなたが日本人とわかって「アジ！」とあいさつされたら、それはTさんの影響（いや……しわざ）です（笑）。

第2章
だから人生はおもしろい、の話

最善の道の不思議

小山薫堂《こやまくんどう》さんといえば、放送作家として数々のヒット番組を送り出した方……だけでなく、脚本を手がけた映画「おくりびと」がアカデミー賞外国語映画賞（当時）を受賞された方としても有名です。

さらには、人気ゆるキャラ「くまモン」の生みの親としても知られていますよね。

そんな超マルチな活躍をされている小山さんですが、放送作家として駆け出しのころは、しんどい思いをされてきたそうです。

仕事に完璧を求めるあまり、自分を追い込んでしまう……。でも、つらければ

手放せばいいのだし、ほかに自分にふさわしい道があるかも——そう思ったのは、彼の父親がよく言っていた、次の言葉があったから。

「人間というのは知らず知らずのうちに、最善の道を選択して生きているものなんだよ」

この言葉は、小山さん自身の人生にも大きく関わっているとのこと。

実は小山さん。大学受験で第一志望だった防衛大学校に落ちてしまいました。その後、本人曰く、「流されるように」日本大学藝術学部に入学します。そのことがきっかけで、放送関係の勉強をすることができました。

在学中、先輩の勧めでラジオ局で番組制作のアルバイトを始め、それを経て放送作家になりました。構成で関わった番組をちょっと挙げると、「料理の鉄人」「パパパパパフィー」「進ぬ!電波少年」などなど……（ネットで検索してみれば、さらにいろいろな人気番組が出てきますよ)。

そして、「知らず知らずのうちに、最善の道」には、こんな話もあります。

彼は、ある番組企画の仕事をしていたのですが、担当者と意見が決裂して、そのプロジェクトから外れてしまいます。**もしそのまま仕事を続けていれば、依頼されていた映画の脚本は間違いなく断っていたはずでした。**けれど、そんなことがあって脚本を担当することになり、できた映画が……「おくりびと」だったのです。

「おくりびと」のアカデミー賞受賞は、「過去の自分からの贈り物のように思えてきます」と小山さん。一つでも歯車がズレていたら、映画に関わることすらなかったというのですから、「最善の道」は納得できますよね。

(参考:小山薫堂「最善の道を歩いている」『PHP』2009年10月号 PHP研究所)

心の底から誠意を尽くす

評論家、タレント、コラムニストなど、マルチに活躍されている山田五郎さんですが、社会人としてのスタートは編集者でした。
私も同じく、大学卒業後に出版社で編集をしていたのですが、この編集という仕事をしていていちばん怖いのが「情報のミス」なんです。とくに私、情報誌をつくっていたものですから、これを間違えるともう……いま考えただけでも冷や汗が出てきます。
でも編集者なら、誰しも経験があるものです。
出版社に入って、若者雑誌の編集部に配属された山田さん。数カ月後にやってしまいました。

人気ファッションショップの電話番号を、下町の小さな工場のものに……。読者からの電話が殺到し、「得意先からの電話もつながらなくて、仕事にならないんだよ！」と抗議の電話を受け、お詫びに向かいます。

工場のドアを開けたとたん、鳴りやまぬ電話の音。そこにいたスタッフ全員ににらみつけられます。

「このたびはまことに申し訳ございませんでした」

頭を下げ、手みやげを渡そうとするも、社長さんは受け取ってくれません。鳴りやまない電話。「番号違いです！」と絶叫するスタッフの声。

「これは立派な営業妨害だよ。明日の朝刊全紙に、でっかく訂正広告を出してもらおうか」

詰め寄る社長さんに、新入社員の山田さんは頭が真っ白になりました。

（どうしよう……）と窮する彼の脳裡に、小学校時代の恩師の言葉がよぎります。

「心の底から誠意を尽くせば必ず伝わる」

そうだ、それしかない。ごまかしや、言い訳はせず、正面からいくしかない。

腹をくくった山田さんは、**訂正広告は時間的にも経済的にも不可能だと告げ、さしあたっては自分に電話番をやらせてほしい**と頼み込んだのです。

何日か通って電話番をするうちに、問い合わせの数も減り、先方の怒りも沈静化してきます。お詫びに百科事典を寄贈することで、お許しをいただきました。

誤った情報を伝える怖さ、それを詫びるつらさを思い知った山田さんですが、誠意を尽くせば、必ず気持ちは伝わると確信したそうです。

（参考：『忘れられない、あのひと言』「いい人に会う」編集部編　岩波書店）

自分に与えられた役

「NHK紅白歌合戦」の常連といえば、天童よしみさんの名前が挙がります。

堂々とした歌いっぷりは、多くの人を楽しませてくれていますね。

天童さんは、子供のころから数多くの「のど自慢」に出場して優勝しますが、その歌手人生は順風満帆《まんぱん》なものではありませんでした。

デビューは10代のとき。

憧れていた歌手にはなれたものの、ヒット曲が出ません。自分の周りからどんどん人が去っていくという悲しい体験もしました。

不遇の時代、いちばんきつかったのは営業。地方のスーパーマーケットの屋上。演歌を聞いたこともないような子供たちの前で歌います。不思議そうに見ている様子に、歌いながら悲しくなり、「こんなところで歌っても」とくさりそうになったそうです。

その後もヒット曲には恵まれず、20歳のとき、とうとう東京から、故郷の大阪に帰ることになりました。

傷心の天童さん、実家で毎日、泣いてばかりの日々です。

そんな娘を見かねて、お父さんが「歌謡教室を開かないか」と勧めますが、

「私は現役の歌手でいたいの！」

と抵抗します。

それでも説得され、教室を開くことになりました。

そうなると天童さん、中途半端な気持ちでやるわけにはいきません。

売れない時代、岐阜のクラブで「天童よしみショー」を開いてもらったとき、喜んでくれるお客さんを見て、「どんな役でも、自分に与えられた役に徹しよう」と決心していたからです。

「ここは腹を据えて、先生に徹しよう」と、歌謡教室を始めます。

天童さんの気持ちが通じたのか、教室は評判を呼び、生徒がどんどん増えていきます。

その数、最後は300人を超えるまでに——教室どころか、学校レベルの生徒数です。年2回の発表会は大盛況、**生徒さんたちは歌手でもある天童先生のファンになっていきます。**

そうなってくると、人生はよい方向に回転していくのですね。

あるとき、教室の生徒さんがスナックで歌っていると、声をかけられます。

「歌、お上手ですねえ。誰に習われてるんですか？」

問いかけたのは、レコード会社の方でした。

生徒さんが「天童よしみさんです」と答えると、その方は天童さんを知っていて――そんな縁から「道頓堀《どうとんぼり》人情」を歌ってほしいとオファーが。

この曲がヒットして――1993年に「酒きずな」で念願の紅白初出場を果たします。歌手デビューから24年目のことでした。

（参考：天童よしみ「『徹する』ことで道はひらける」『PHP』2018年5月号　PHP研究所）

「挫折して正解でしたね」

さだまさしさんといえば、小説家や大学客員教授でもあり、金曜日深夜のNHK「今夜も生でさだまさし」などでもご存じの方は多いはず。その名前を知らない人はいないほど、八面六臂《はちめんろっぴ》の活躍をされているさださんですが、その人生は決して順風満帆なものではありませんでした。

長崎で生まれたさださんは、3歳から始めたヴァイオリンで「神童」と呼ばれ、13歳のときに修業のために、単身、東京へ。中学校から一人暮らしを始めます。

そこで、加山雄三さんやサイモン&ガーファンクルなどに刺激を受けてギターを手にするのですが、ヴァイオリンの修業は続けていました。

けれど、志望していた音楽高校は不合格となり普通高校へ……熱意がだんだんと薄れていきます。さらに悩んだのは家計のこと。音楽大学を受験するにはレッスンが必要だし、コンクールを受けるには値段の高い楽器が必要になる。長男として親や家に対して責任のある自分は、このまま続けていいのだろうか……。

悩みに悩んだ末、ヴァイオリンをあきらめることにしたのです。

大学は法学部に進学し、アルバイトの日々となりますが、肝炎を患って長崎へ帰ることに……つらい青春の思い出です。

その後、東京から遊びにきていた友人とフォークデュオ、グレープを結成し、のちに「精霊流し《しょうろう》」が大ヒット。ソロになってからの活躍は説明するまでもないでしょう。けれど、ヴァイオリンの挫折はずっと心に残っていました。

2013年、通算4000回のコンサートの前に、日本を代表するヴァイオリニスト、前橋汀子《まえはしていこ》さんと対談することになりました。

そこでさださん、「僕は13歳から東京でヴァイオリンの修業をしていたのですが、挫折したんです」と前橋さんに告げます。

すると前橋さん、こんなことをおっしゃったのです。

「挫折して正解でしたね」

決して意地悪な言葉ではありませんでした。その真意は、「挫折していなかったら、いまのさだまさしはなかった」なのです。**「さださんが年代を超えてやってらっしゃるメッセージは、いろんな人に届いているんだから」**ともおっしゃいました。

前橋さんの言葉に、さださんも笑っておられ、コンサートのトークでもこの話をちょくちょくされています。

挫折はつらいもの——でも、それが人生を大きく変えるのですね。

（参考：『ちゃんぽん食べたかっ！』さだまさし　NHK出版）

いまからでも遅くはない

作家の藤本義一さんは、友人のちょっとおもしろいエピソードをおもちでした。

同窓会があったとき、みんなが楽しそうに話しているなかで、Mさんだけがうつむいていました。

どうしたんだと聞くと、大手証券会社で働いていた彼は、パリやシンガポールの支社長も歴任したが、出世の道から外れてしまったというのです。定年後も不安だと嘆きます。

「君の夢は、何だったんだ？」

藤本さんが聞くと、「植物学者になることが夢だった」

「いまからでもなればいいじゃないか」

「そんな入口はないだろ」

「だったら、植木屋さんの棟梁《とうりょう》のところへ行ってみればいい」

　翌日、Mさんから、「近所の植木屋さんを、土日だけ手伝うことになった」と連絡が入ります。好きなことをしてお金をもらえるのだからうれしいとも。

　そして、植木屋さんのもとで土日だけ修業をして、本職の証券会社をいよいよ定年になる前のこと。

　Mさんが棟梁のところへあいさつに出向くと、職人さんたちの様子がおかしい。聞くと棟梁が倒れてしまったとのこと。

　Mさんがあわててなかに入ると、棟梁が、

「あとは君に任せる。80人の弟子と植木屋を継いでくれ」

　棟梁に任されたMさんは、その後、世界を飛びまわることになります。

世界の一流ホテルや大使館などは、日本庭園があるところが多いのです。

日本庭園は、日本の植物を熟知していないと手入れができません。

Mさんは豊富な知識と、棟梁のもとで学んだ経験、そして海外の支社長として磨き上げた語学力で、バリバリと仕事をすることができたのです。

藤本さんはこう語っていました。

好きなことだけで生きていける人は少ないかもしれない。お金を稼がなくてはならないのも事実。けれどそれだけでは疲れはててしまう。

Mさんの話は植木の世界に逃げ込んだのではなく、日々の仕事にプラスアルファしただけで、それが人生に潤いをもたらしたのだ——というわけです。

（参考：『幸福論』ＰＨＰ研究所編　ＰＨＰ研究所）

後悔だけはしたくない

「財を遺すは下、仕事を遺すは中、人を遺すは上とする」（後藤新平）

この名言を好んで引用したのは野村克也さん。

言葉のとおり、野村さんの教えを受けたプロ野球選手が活躍し、その後は監督となって優勝するなど「人を遺す」をしてきました。

名選手、名伯楽として知られていた野村さんですが、活躍されるまでの道のりは、厳しいものでした。

京都の小さな町に生まれて、父親は彼が幼いときに戦死。母親も病弱で貧困家庭だったため、新聞配達などをして家計を助けていました。

プロ野球選手になりたいと思ったのは、母親を助けたい思いからでした。

府立高校3年の秋。新聞で南海ホークス（現在の福岡ソフトバンクホークス）の入団テストの記事を見つけます。野球部の顧問に、「お前なら、ひょっとするぞ。行ってこい」と言われ、汽車賃をもらって大阪へ。しかも、その顧問の先生はスカウトの目に止まるよう、方々へ手紙を出していてくれたそうです。

「自分は人に恵まれていた。運がいいのかなあ」とのちに述懐しています。

なんとか南海ホークスに入団できたものの、テスト生から一軍に昇格することはないと聞いて呆然《ぼうぜん》とします。実家に帰ろうかとも。

（でも、可能性はゼロではないはずだ）

そう思って、3年間は我慢してがんばろう、と決めたのです。

プロ野球は自由な世界で、試合が終わったら、球場からネオン街に直行する選手もいたくらいです。野村さんも先輩によく誘われましたが、着ていくものは学生服しかない。お金もないから行かずに、寮でずっと素振りをしていました。

せっかくプロになれたのだから、後悔だけはしたくない――その一心でした。懸命にやってダメなら、それはしかたないと。

周囲を見ていると、自分より才能があったのに、クビと言われてやめていく選手もいました。彼らは異口同音に「もっとがんばっておけばよかった」と。

それを聞いて、野村さんはひたすらバットを振っていました。

後年、**監督となった野村さんは、「もっとがんばっておけばよかった」の後悔をしてほしくなかったので、その思いを選手たちにかけつづけた**そうです。

「僕の言葉を信じて努力を続けた選手は、みんな立派になってくれましたよ」

（参考：野村克也「『もっと頑張っておけばよかった』と言わないために」『ＰＨＰ』２０１７年10月号　ＰＨＰ研究所）

あきらめが成功を呼ぶ

お笑いコンビ、トレンディエンジェルのボケ担当、斎藤司《つかさ》さん。

自らの薄毛をネタに笑いをとるスタイルはご存じの方も多いと思いますが、それを見て「よくそんな前向きでいられるね」と言われるそうです。

彼曰く、その**ポジティブさは、ある種の「あきらめ」が原動力になっている**そうです。

最初にあきらめたのは就職。

大学時代、普通に就職活動（就活）をしていたけれど、まったく内定がもらえませんでした。周囲はどんどん決まっていきます。

（ああ、自分は落ちこぼれなんだ……）と感じます。

いまにして思えば「本気を出していなかった」そうですが、教育熱心だった父親の価値観についていけなかったことも原因でした。

「親父とは違うんだ。もっと特別な道を行くんだ」

そう思っていた斎藤さん、19歳のときにはジャニーズ事務所に履歴書を送ったりもしていました。

就活がうまくいかず、就職をあきらめたとき、父親が敷いたレールに乗ることを完全にあきらめます。だから、逆にふっきれたとのこと。

それから芸人の道に一直線——というわけではありません。

就職せずに、アルバイトで求人広告の飛び込み営業をしていたのですが、仕事はキツいし、全然売れない……。

あまりのストレスで、髪の毛がごっそり抜けてしまいました。

当時、23歳。さすがに斎藤さん、悩みました。

増毛しようとメーカーに検査してもらうと、「発毛の施術に、２００万円かかります」と。

「無理だ、俺はこのままいくしかない……」

就職の次に、斎藤さんは「かっこいい」をあきらめました。

でも、**その代わりに「おもしろい」でいこう、と考えを切り替えた**のです。

その後、アルバイトをしていた会社で認められて社員にならないかと誘われましたが、「自分を売るなら、もっと広い世界で」と芸能界入りを決意。

ＮＳＣ（吉本総合芸能学院）に入学し、２００４年にトレンディエンジェルを結成。

そして２０１５年に「Ｍ－１グランプリ」で優勝することができたのです。

（参考：斎藤司「『あきらめ』を原動力にしよう」『ＰＨＰ』２０１７年３月号　ＰＨＰ研究所）

自分らしく生きられる場所

個人的な記憶で、テレビっ子だった私が覚えているテレビ番組があります。

内容は一芸ある人たちが登場するもので、そのなかで、フリフリのアイドル服を着た小学生の男の子が、松田聖子さんの歌を上手に歌っている姿を見て、「うわあ、すごい」と。

名前が「大西賢示」ということもハッキリ記憶しているくらいですから、かなりキョーレツな印象だったと思います。

大西賢示くんが、のちの「はるな愛」さんと知ったときはビックリしました。

LGBT（レズビアン・ゲイ・バイセクシャル・トランスジェンダー）——今日ではよく知られる言葉となりましたが、はるなさんが子供のころは周囲の理解は乏しく、つらい経験をしていました。

物心ついたころから「女の子」だと思っていたので、スカートをはいたり、お人形遊びをしたりするのはごく自然なこと。でも、自分が「自分らしく」ふるまうと、両親を悲しませてしまうこともわかっていた。だから「男らしく」ふるまう自分を演じてきた。

そんなころ、松田聖子さんの「歌」に救われたと言います。私が見ていたのは、そのころだったのかなと。

中学校に上がると、性別の悩みに加えてイジメにあうことに……。

「自分は、何のために生まれてきたのだろう」と、毎日死ぬことばかりを考えていたそうです。

中学2年生のある日、転機が訪れます。当時、母親が経営していたスナックのお客さんが、ニューハーフのお店に連れていってくれたのです。

そこには、はるなさんが夢みていたファンタジーのすべてがありました。

「私が求めていたものはこれだ！」

以来、親に内緒でお店に通いはじめることに。

昼は男子生徒としてふるまい、夜はニューハーフとして生きる。

ようやく自分らしく生きる場所が見つかったことで、イジメもしだいになくなっていきました。

つらい場所に留まっていたときは苦しんでいたけれど、自分が一歩踏み出したことで、気持ちだけでなくすべてが変わりはじめ、まるで花が開くように、なりたい世界に近づいていったそうです。

（参考：はるな愛「つらい場所から動いてみよう」『ＰＨＰ』２０１１年10月号　ＰＨＰ研究所）

「君のがんばりがすべてだ」

中学1年生の夏休みに、Hさんは突如、重いアトピー性皮膚炎になってしまいました。全身が真っ赤な発疹《はっしん》に覆われ、かいた皮膚からは血がにじみ、かゆみで勉強ができなくなった彼女――学年トップだった成績が落ちていきます。

一般的な治療では快復せず、知り合いに紹介してもらった漢方治療の病院へ。医師は、Hさんの代わりに説明をしようとする母親を制し、「君の言葉で」と言って、Hさんを見ます。Hさんは、絞り出すような声で「かゆいし、汚いし、つらいです」と、訴えました。

すると医師は、「時間はかかる。2年を目標に君の調子を見ながら治療法を考えよう」と言って、診察を始め、漢方薬を処方してくれました。

母親と同世代くらいの薬剤師が説明してくれた漢方薬はとても苦く、Hさんは吐きそうになりながら、1日3回、飲みつづけました。

そして、がんばって漢方薬を飲みつづけた結果、中学3年生の夏休みには、発疹がほとんどなくなったのです。「2年」――医師が言ったとおりでした。

「先生のおかげです」とHさんがお礼を言うと、先生は一言。

「君のがんばりがすべてだ」

薬剤師さんたちも、「よく我慢したね」と泣きながら喜んでくれました。

病気は本当につらかったけれど、それをきっかけに素敵な大人に出会えたことは、Hさんにとって価値のあるものになりました。いま彼女は、臨床心理士となって、彼らに負けないような素敵な大人を目指しているそうです。

（参考：平井瞳「君のがんばりがすべてだ」『PHP』2021年6月号　PHP研究所）

〝きみまろブレーク〟の訳

漫談家の綾小路《あやのこうじ》きみまろさん。

真っ赤なモーニングで扇子片手にステージを動きまわっては、中高年の悲哀をジョークで連発し、爆笑を巻き起こす芸風はご存じの方も多いはず。

その綾小路さんが〝しゃべり〟で生きていこうと思ったのは、中学生のころ。テレビで名司会を見せる玉置《たまおき》宏さんに憧れたから。

(言葉で人を感動させる――自分もこの仕事につきたい)

そう決意した綾小路さんでしたが、ヒットするまでの道のりは、決して平坦なものではありませんでした。

故郷の鹿児島から上京。新聞販売店で働きながら大学に入学。卒業後は縁あってキャバレーでの司会を始めます。

その後、森進一さん、小林幸子さんなどのコンサートの司会を務め、ショーの合間に漫談コーナーをもらえるまでになりました。

順調そうに見えたけれど……本人は、

（もっと認められたい）

（でも、失敗したら、どうしよう）

（いや、俺は絶対にウケるはずだ……）

期待と不安の繰り返しばかり。将来のことを考えると、不安のほうが大きかったそうです。

そうやって悶々《もんもん》と過ごしてきた歳月には、漫才ブームや、何度かのお笑いブームが訪れていたのですが、彼はその波に乗ることができません。

(こんなに努力しているのに、なぜ俺は報われないのだろう?)

焦りはつのるばかりでした。

50歳を過ぎるころ、彼はある決意をします。

(せっかくここまでやってきたのだから、こういう芸人がいたということを、かたちに残しておきたい)

そこで考えたのが、いままでの漫談を録音したテープをつくることでした。

さらにそのテープを、高速道路のサービスエリアで、大勢の人を乗せてやってくる観光バスを待ちぶせして、バスガイドさんに無料で配ることにしたのです。

「バスの周りをウロウロしているおっさんが、『これあげます。聞いてください』と近づいてくるわけですから、ガイドさんは気味悪かったと思います」と彼は笑い話にしていますが、その奇策が吉と出ました。

バスで流される彼の漫談――これがすこぶるおもしろいと中高年のあいだで口コミが広がって、その後の〝きみまろブレーク〟になったというわけです。

ちょっとした機転で人生が好転する――あきらめずに、あれこれトライしてみることが大事なんだとわかるエピソードです。

（参考：綾小路きみまろ「〝ほどほど〟の満足人生」『PHP』2005年5月号　PHP研究所）

「死ぬ気でやってみろ」

梅沢富美男《とみお》さんといえば、ワイドショーでの辛口コメンテーター、最近ではテレビ番組で俳句名人としても知られていますよね。歌手としては「夢芝居」の大ヒットも。でも、ご自身は「本業は大衆演劇」と言っています。

ご両親も大衆演劇のスターであり、サラブレッドだった梅沢さんは、中学卒業と同時にこの世界に入りました。けれど、旅から旅の暮らしは思った以上に大変で、人気もなかなか出ません。

20代半ばのころ、当時、彼を贔屓《ひいき》にしてくれていたのが、漫画家の石ノ森章太郎さんでした。若い梅沢さんは、石ノ森さんにグチをこぼします。

「自分は役者には向いていないんじゃないか。壁を感じるんですよ」

すると、石ノ森さんに「ばかやろう!」と一喝されます。

「**壁ってのはな、俺がいくら新しい漫画を描いても、『仮面ライダー』を超えられないってときに感じるもんだ。**お前みたいな無名役者に壁なんかあるか!」

梅沢さんは、「頭をガツンと殴られた」ような気がしました。

石ノ森さんは、続けてこう言ったそうです。

「大丈夫、お前は必ず売れる。死ぬ気でやってみろ」

その一言で目が覚めたそうです。それから少したって、経験のなかった女形をやり、「下町の玉三郎」として脚光を浴びるようになったのです。

(参考:梅沢富美男「苦しいときこそ自分を磨く」『PHP』2017年11月号 PHP研究所)

神様が与えてくれた贈り物

元バレーボール選手で、日本代表のアタッカーとして活躍した大林素子《もとこ》さん。

現役引退後はスポーツキャスターをはじめ、タレント、女優など、マルチに活躍されています。

華やかに見える彼女の人生ですが、本人はこう言います。

「私の人生は、いきなり逆境から始まったといえるかもしれません」

その理由はただ一つ――体が大きかったから。

小学6年生のときに、すでに170センチメートルもあった彼女は、「デカイ、デカイ」「地震だ」などと言われ、ずっとイジメにあっていました。

切羽詰まって、母親と病院へ行ったこともあったし、自殺したら楽になるだろうなと考えたことも……。

そんなつらい日々を送っていた彼女ですが、転機が訪れます。

テレビで放送されていたアニメ「アタックNo.1」を見たとき、「よし、これだ! バレーボールをやろう。バレーボールで生きていこう」

それで中学校から、バレーボールを始めることにしたのです。

スポーツを始める理由は、人それぞれでしょう。「やっているのを見て楽しそうと思ったから」だとか、「それをするのが好きだから」だとか。

けれど彼女の理由は、根本的に違います。

「背の高い自分にはバレーボールしかない、これしか生きる道はない、さらに言えば、これでイジメている人たちを見返してやろう」

悲壮感を伴ってのスタートだったのです。

ほかに行く道はない——そう腹をくくった彼女は、バレーボール部でどんなにつらい練習であっても、耐えることができました。

そうやって練習を積み重ねていくと、少しずつ充実感、達成感が得られるようになり、そこでバレーボールの楽しさを実感できるようになったと言います。

背が高いことでイジメられていたけれど、バレーボールではそれを活かすことができている——これは神様が自分に与えてくれた贈り物なんだと思えるようになったそうです。

（参考：大林素子「自分のやり方でがんばる」『ＰＨＰ』２００９年10月号　ＰＨＰ研究所）

周りと違うことは武器になる

NHKの朝の情報番組「あさイチ」などでお馴染みのタレント、副島《そえじま》淳《じゅん》さん。

子供のころ、悩んでいたのは、その容姿でした。

アメリカ人の父と日本人の母とのあいだに生まれた彼ですが、日本で生まれ育ち、32歳まで海外に出た経験もありません。本人的には100パーセント、日本人なのに、見た目は外国人——そのギャップからイジメにあうことに。

「なんで僕だけこんなに黒いんだ! もう死にたい」

そう訴える彼に、母親はいつもこう言っていたそうです。

「死ぬなんてもったいないよ。周りと違うってことは、いつか自分の武器になる。人と違うことはスペシャルなこと。いつか必ず状況はよくなるから、あなたが強くなりなさい」

転機は、中学校でバスケットボール部に入ったこと。最初は下手だった彼が、背がグングン伸びていくと、しだいに顧問の先生からもチームからも頼りにされる存在になります。コンプレックスだった体が武器になる——そう肯定できると周りとの関係、自分の考えも変わっていきます。

肌の色をいわれると、「日サロ（日焼けサロン）で寝過ぎちゃって」。チリチリの髪には、「理科の実験で爆発しちゃって」と笑いで返します。

コンプレックスだった容姿で、人を笑顔にすることができる——それがいまの仕事につながっているそうです。

（参考：副島淳「違いはいつか武器になるよ」『PHP』2021年1月号　PHP研究所）

自分から「下手だ」と言ったプロ

マジシャンのマギー司郎さんといえば、飄々《ひょうひょう》とした語り口、ゆるいマジックで、お客さんの笑いを誘う芸風で有名です。

私が個人的に好きなマジックは「縦縞のハンカチを横縞にする」。はじめてこれを見たときは腰が砕けました。でも、最後には正統派のマジックで締めるのですから、プロですよね。

そんなマギー司郎さんの芸風は、どのようにして生まれたか。

戦後まもなく、9人きょうだいの7番目の子供として生まれた彼は、体がとても小さく、歩いてもすぐ転んでしまう子供でした。右目が斜視で、ほとんど視力がなかったためでした。

学校でも黒板の文字が見えないから勉強もよくできず、イジメられることに。でも、母親が必死で守ってくれたそうです。

母親は、我が子を不憫《ふびん》に思っていたようですが、彼自身は一度もそんなふうに思ったことはありませんでした。体が小さくても歩いたり、走ったりはできる。右目が見えなくても、みんなと同じように階段の上り下りはできる。

「欠点があるのなら、別のもので補えばいいんだ。だいたい、欠点のない人間なんて、この世にはいないのだから」

とぼけた芸風からは想像できない苦労と、それを苦労と思わないポジティブさが、マギー司郎さんの根底にあったのです。

16歳のとき、彼は家出同然で東京へ向かいます。夢をもって――とか、そんな格好いいものではなく、（自分の食い扶持《ぶち》くらい自分の力で稼がなくちゃいけない）と思ったからでした。

19歳のときにマジックに出合います。もともと不器用だったので、プロになれるはずはないと思っていましたが、縁あってストリップ劇場の余興の仕事をもらうことができました。

でも、お客さんはマジックではなく、ストリップを見にきています。当然、彼の下手なマジックに興味をもってくれるはずはありません。

「早く、引っ込め！」

彼がステージに立つと罵声《ばせい》が飛んできます。たしかに、お客さんの気持ちもわかります。こんな下手なマジックを見るためにお金を払っているわけではないのですから――あるとき、ふとステージで本音がポロッと出てしまいます。

「本当は僕、マジックが下手なんですよ……」

この一言が、お客さんの心をつかんだのです。なんだコイツ、自分で自分のマジックが下手だなんて……と大ウケし、注目されることに。

（これだ！）と思ったそうです。上手なマジシャンはいくらでもいる。**自分から「下手だ」というプロなんていない。**

一番は、お客さんに楽しんでもらうことなんだ……。

マギー司郎さんの、あの芸風が生まれた瞬間でした。

（参考：マギー司郎「たとえ花は咲かなくとも」『ＰＨＰ』２００８年９月号　ＰＨＰ研究所）

運命のいたずら

私のいちばん好きな映画は「初恋のきた道」です。

主演はチャン・ツィイー。映画デビューとなったこの作品で、地方の小さな農村の純朴な少女を演じた彼女のかわいかったこと！　そして、何といってもストーリーのすばらしさ！　亡くなった父を慕う人びとが……って、あらすじを書きはじめただけで泣けてきます。興味のある方は、ぜひぜひ。

そんなマイベスト映画「初恋のきた道」以外にも、「紅いコーリャン」「活きる」「単騎、千里を走る。」（これ、主役は高倉健さんでしたね）といった名作を監督されたのが、チャン・イーモウさんです。

さぞかし映画に精通された、エリートなんだろうなあと思っていましたが、実はぜんぜん違っていたのです。

作家の阿川佐和子さんが彼と会われたとき、「小さいころから映画がお好きだったんですか？」と問うと、チャン監督は、こう答えました。

「いや、子供の頃は、映画に興味をもつ余裕なんてありませんでしたよ」

聞けば、チャン監督の人生は摩訶《まか》不思議なものだったのです。

生まれは1950年。歴史にくわしい方はご存じだと思いますが、前年に中華人民共和国が成立しています。チャン監督の父親は中国共産党と対立していた国民党の軍人であったため、文化大革命のときには虐《しいた》げられ、夢も理想ももつことが許されない青春時代を送っていました。

しかし、徐々にですが、そんな彼にもチャンスがめぐってきます。

大学に入る枠が用意されたのです。

「大学卒業という資格さえあれば今よりいい職にありつける。だから、どこの大学でもよかったんです」

つまり、この時点でチャン監督――いえ、当時のチャン青年の心中には、映画の選択肢はなかったのです。「体育大学で募集があれば毎朝、走る訓練をして、美術大学の募集があれば絵を描きはじめる」という具合に……。

すでに27歳になっていた彼は、こうして映画専門大学へ入学します。しかし、撮影コースは自分より若い人ばかり。隣の監督コースをのぞくと、年齢層が高そうでした。こちらのほうが将来性がありそうだなと考えます。

それが、あの名作たちを生み出したチャン・イーモウ監督の原点！

「でもね」とチャン監督。

「人生なんて、そんなものじゃないかと思うんです。私のように理想なんかもたず、運命に翻弄《ほんろう》されて、いたしかたない選択を繰り返していても、いつのまにか道が開けているんですから」

これって、小山薫堂さんの話（P72）にも通じるなあ……と。

チャン監督は、こうも語ります。

「目の前に与えられたことを楽しんで、誠意を尽くして、ときに怠けても、自分で選んだ責任を自覚して実行していけば、そんなに間違った人生にはならないと思っています」

（参考：『忘れられない、あのひと言』「いい人に会う」編集部編　岩波書店）

紙くずになった遺言

高齢化が進む、現代ニッポン。

私が子供のころは、定年が55歳でした。その私自身が今年（2022年）55歳になるのですが、まだまだ働けるわけで、それを考えると隔世の感があります。

現に、80歳になる実母はまだ働いておりまして、私よりもスマートフォンを使いまくり、孫たちとLINEをしているのですから、「お年寄り」という言葉の概念はどんどん変わっていくのだと思います。

若宮正子さんは、1935年（昭和10年）生まれ。

著書『独学のススメ』（中公新書ラクレ）では、「もう一度、お勉強、始めてごらんになりませんか」と読者に呼びかけています。タイトルにある「独学」とは、本人が主体性をもって、何をどのように学ぶかを決めて勉強すること。

学びたかったこと、楽しいことから始めてみては――と誘っているのです。

気になりますよね？　もう少しだけ同書について紹介しますね。

若宮さん、「世界最高齢のプログラマー」として注目されている方なんですよね。最近、マスコミなどで紹介もされています。

その人生はというと。

子供のころに戦争で学童疎開を体験している彼女は、高校卒業後に銀行に就職します。定年まで勤めあげたあと、母親の介護をしながら、外の世界とつながりたいとパソコンを購入します――これが人生の転機となりました。

表計算ソフトの「エクセル」を使っていた若宮さん。

「これで図案を描いたらどうだろう」

そう思って、セルという四角いマスに色をつけたり、罫線を使ったりして、「エクセルアート」を始めます。もともと物づくりが好きだったので、楽しくなり、紙に印刷してうちわにしたり、布にプリントしてドレスを仕立てたりしました。

80歳を過ぎたとき、「雛壇《ひなだん》に雛人形を正しく並べるゲームアプリをつくりたい」という動機から、入門書を買ってきて独学でプログラミングを始めます。

とりあえずやってみたアプリ制作ですが、彼女がつくった「hinadan（雛壇）」は、シニア世代が操作しやすい工夫をしたことが評価され、アップル社による世界開発者会議「ワールドワイドデベロッパーズカンファレンス（WWDC）2017」に特別招待されることになったのです。

遺言書

若い開発者が集まるイベントに、82歳の彼女が登場したのですから、大きな注目を集めることになりました。

若宮さんは身よりがないことから、勧められて75歳のときに遺言証書をつくりました。

ところが、ご覧のとおり、人生が激変。

本を出したり、講演をしたりで、以前つくった遺言では網羅できなくなり……紙くずになってしまいました。

若宮さんは語ります。

人生100年時代。男女ともに平均寿命が80歳を超えたいま、何歳でも人生は変わる可能性がある。

とにかく、いまを楽しく充実させることが一番大事——と。

（参考：『独学のススメ』若宮正子　中公新書ラクレ）

ユーモアブレイク

弟子になりませんか

放送作家でタレントの高田文夫さん。

「ビートたけしのオールナイトニッポン」など、数多くの人気番組で知られる高田さんですが、その憧れの人は永六輔さんでした。

大学生のときに、ラジオで聞いていた永さんの話がおもしろくておもしろくて、自身も〝ハガキ職人〟(常連の投稿者)として番組で読んでもらっていました。

当時、高田さんの大学は学園闘争でロックアウト中。だったらこの仕事をしてみたいと、永さんに弟子入り志願の手紙を書きます。

3日後には返事のハガキが届きました。

《私は師匠なしでここまで来ました。弟子を取るつもりはありません。お友達ならなりましょう》という、つまり体《てい》のいいお断りでした。

その後、高田さんは努力を重ね、十数年後、「ビートたけしのオールナイトニッポン」「オレたちひょうきん族」などを手がける、人気の放送作家になります。

すると、また永さんからハガキが――。

《今からでも遅くはありません。弟子になりませんか。永六輔》

ユーモアに溢《あふ》れた文面――自分の活躍を、永さんはずっと見てくれていたのだ、と高田さんは気づきます。

この人には一生、頭が上がらない、と思ったそうです。

（参考：『こころ揺さぶる、あのひと言』「いい人に会う」編集部編　岩波書店）

第3章
へぇぇ～とうなってしまう話

「縁」に感謝

２０１６年に作家デビューした私ですが、「作家になりたいなあ」と思ったのは、その10年くらい前でした。何となく書いた小説が、某新人賞の最終候補に残り、もしかして……と思ったのです。

でも、現実はたやすいものではありません。悪戦苦闘の10年でした。

そんな私が作家として活動できているのは、同業の先輩方のおかげです。自作を客観的に評価してもらおうと門を叩いたのは、とある小説講座。そこで名誉塾長をされているミステリーの巨匠M先生から、指摘をいただきました。

「君は悪達者だね」

悪達者とは、読者を感動させようと、あざとい小説を書く者のこと。
自分の本質を見抜かれ、小説に向き合う気持ちを改めました。

ハードボイルドの重鎮O先生には、某小説誌の講座でご指導いただきました。課題となる小説を毎月提出しなければ破門という厳しいもので、かなり鍛えられたと思います。

当時、再び新人賞の最終候補に残り、また落選した私のことをご存じだったO先生が、こう声をかけてくれました。

「自分が本当に書きたいものは何か、もう一度考えてごらん」

この言葉をいただいていなかったら、筆を折っていたと思います。
それから、本当に書きたいものを考えて、ひたすら書いていました。

そして、2015年。

私は児童書の新人賞をいただくことができました。

その賞の特別審査委員をされていたN先生は、児童文学の大御所でした。お礼の手紙を送ると、すぐに返事をくださいました。

「子供たちが夢中になって読んでくれる作品を書きつづけてください」

あれから7年――生存率が低いといわれている作家業で、いまもこうして書きつづけていられるのは、その言葉をいただいたからです。

そして、**自分は「縁」に恵まれていると思っています**。すばらしい先輩方に出会えた「縁」。この本を書いているのも、ちょっとした「縁」から、声をかけていただいたのです。

「縁」に感謝して、これからも書いていこうと思っています。

あるビジュアル系バンドからの手紙

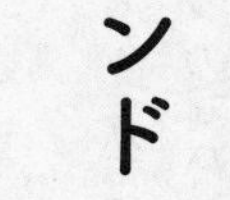

また私事で恐縮ですが、30ン年前、大学を卒業して出版社に就職し、情報誌で音楽ページを担当していました。

1990年ごろですから、″イカ天″（「三宅裕司のいかすバンド天国」〈TBS〉）などの「バンドブーム」が全盛期でして、ザ・ブルーハーツやユニコーン、ジュン・スカイ・ウォーカーズとか……この話をすると長くなりますので割愛します（興味のある方は、ネットで検索してみてください）。

さて、そんな駆け出し編集者のころ、都内のあるライブハウスが開店10周年イベントをするという話を聞きます。

これはニュースになるな、と思った私は、ライブハウスの店長さんに電話をかけて、雑誌で紹介させてほしいと依頼しました。

「写真つきで記事にしたいのですが、出演するバンドの写真を送っていただけませんでしょうか？」

「だったら、まだアマチュアなんですけど、人気も、実力もあるバンドがいるんで、本人たちから写真を送らせますよ」

数日後、「〇〇編集部、佐々木様」と封筒が届きます。

ライブハウスの店長さんに紹介していただいた、そのバンドから直接私に送られてきた写真だと、すぐわかりました。

当時、ライブハウスで活動していたバンドを、私はわりと見ていたと思います。

たとえば、スピッツとミスター・チルドレンの対バン（その日、同じステージに出演することを――野外フェスみたいな組み合わせを見ていたんですよ……という余談はおいといて。

バンドから直接送ってもらった封筒を開けます。

（おぉ、カッコイイ。ビジュアル系バンドかあ）と、写真に見入ります。

と、添えられた便箋《びんせん》に、メッセージが。

《この度は、私たちのバンドを紹介していただき、誠にありがとうございます。写真を送らせていただきますので、よろしくお願いします》

礼儀正しいなあ――と感心。なんてバンド？　と下を見ます。

LUNA SEA／RYUICHI
その手紙はいまでも大切に保管して……おけばよかったと後悔しています。

いも汁の心

戦国時代。

祖父の代から仕えていた徳川家の家臣に、大久保忠世《ただよ》という人物がいました。

徳川家康と武田信玄が争っていた三方ケ原《みかたがはら》の戦いにも参戦し、武功をあげたと伝えられる人物で、家臣のリーダー的存在です。

同じく徳川家の家臣に、井伊直政という若者がいました（NHK大河ドラマ「おんな城主 直虎」で、菅田将暉《すだまさき》さんが演じていましたね）。

陣中、その直政に、大久保忠世から「ご馳走するから、おいで」と声がかかり

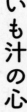

ます。

（やったあ、久しぶりのご馳走だあ）

喜んで駆けつけたものの、目の前でぐつぐつと煮えている鍋を見て、直政はガッカリしました。鍋のなかは、糠味噌汁に浮かぶ、いもの茎ばかり……。

「おお、直政。来たか。食え食え、たんと食え」

忠世はしきりに勧めますが、直政の箸は進みません。生煮《なまに》えで、青臭くて――要するに「まずい」。

たまらず、「あのう、忠世さま……醤油《しょうゆ》などがあれば、もっとおいしくいただけると思うのですが……」と言ってしまいます。

すると忠世、集まっていた者たちを前に、こう言ったそうです。

――ここに集まっている者は、おそらく将来、大名になる人物だとお見受けする。さればこそ、このいも汁を覚えておいてほしいのだ。

身分の低い侍たちは、こんなものすら満足に食べることもできずに、戦《いくさ》で命をかけて戦っておるのだ。

また、農民たちもしかりだ。自分の食べるものも削って年貢を納めておる。

人の上に立つ大名となるには、家臣を愛し、領民を憐れむことを心がけねばならん。その心がなければ、戦うことなどできんぞ。

いいか。このいも汁のまずさを、ずっと覚えておくのだ。

のちに関ヶ原の戦いで武功をあげた直政は、この言葉を子々孫々まで伝えたといいます。

（参考：『心に響くいい話［日本史］感動のエピソード80』ＰＨＰ研究所編　ＰＨＰ研究所）

古い街の「しわ」

「転校生」「時をかける少女」「さびしんぼう」

右の三つのタイトルで「ああ」と気づいた方は、映画通だとお察しします。

「尾道3部作」と呼ばれる映画——監督は大林宣彦《のぶひこ》さんです。

尾道（広島県）といえば大林監督。

大林監督といえば尾道。

そのくらいつながりが深い尾道の街ですが、大林監督が、この故郷を舞台に映画を撮りはじめたきっかけがあります。

バブル経済の足音が聞こえてきたころ。都会には新しい建築物が立ち並び、人びとの心は華やいでいました。

けれど、当時の尾道は風光明媚《ふうこうめいび》であったものの、観光資源もなく、大型バスが乗り入れられるような道路もありませんでした。

さびれた故郷の様子を見て、監督は喉に小骨が刺さったような思いを抱いていたといいます。

実家に戻り、母親の顔を見たときに、監督は気づきます。

顔に深く刻まれた、たくさんのしわ――。

(何と美しいのだろう)と、心から思ったそうです。

母親のしわは、子育て日記そのものだと思いました。自分を一生懸命に育ててくれた、その喜怒哀楽のすべてが刻まれていたのです。

子供の成長を喜んだり、厳しく叱ったり、心配してくれたり――。子供である自分と、母親との人生が深く刻まれている――人生の日々の思いが刻まれた「しわ」ほど、美しいものはない、と。

同じように、古い街にもたくさんの「しわ」があると気づきます。風雨にさらされ崩れかけた土塀。雨が降るたびに表情を変えるでこぼこ道。道端でひっそり生きている雑草。

すべてが〝街のしわ〟なのだと。

日本人は、〝街のしわ〟を消してきた。でこぼこ道をアスファルトで固め、土塀はコンクリートに取って代わった。しわを消すことが幸福なのだと疑わなかった。

故郷のしわを守り、残していこう。

そう思って監督は、尾道を舞台にした映画を撮りはじめたのです。

（参考：『幸福論』PHP研究所編　PHP研究所）

泣き虫の歌の転生

「上を向いて歩こう」

誰もが耳にしたことのある歌ですよね。60年以上前にリリースされたこの歌は、「SUKIYAKI」として世界でもヒットしました。

2011年の東日本大震災のときも、復興ソングとして多くの人に歌われてきましたが、作詞をした永六輔さんは、著書『上を向いて歩こう 年をとると面白い』（さくら舎）で「正直いって、とまどいを感じていました」と述懐しています。

なぜかというと、励ましの詞ではなかったから。

同書について、さらに紹介していきます。

60年安保闘争で、永さんが感じた挫折を歌ったもので、**どちらかというと泣き虫の歌であって、励まされた気分になるのは何かの間違いでは**……と永さんは思いました。

でも、歌が作詞者の手を離れて、違う解釈になっているのは事実です。泣き虫の歌なのに、励まされた気分になるのはどうして？

メロディは明るいメジャーコードで、サビは暗いマイナーコード、そしてまたメジャーコードに戻ります。沈んでまた明るくなるという構成が、気持ちを上向きにさせるのかと。

被災地を訪問した永さんは、現地の方々が照れずに大きな声で歌っているのを聞いていると、**とまどいと、気恥ずかしさを感じてしまいます。**

自分が詞を書いた歌なのに、自分を超えて広がっている――歌って、どういう存在なのだろう？　と考えるようになったそうです。

話はちょっと変わりますが、永さんは大学時代に史学を学び、『まぼろしの邪馬台国』という本を書いた宮﨑康平さんを敬愛していました（この方、また登場していただきますので、覚えておいてくださいね）。

永さんがうかがったとき、お酒を飲んで上機嫌になった宮﨑さんは、「島原の子守唄」を歌いました。宮﨑さんが昔、自分が聞いたわらべ歌や古い言葉をつなぎ合わせてつくった歌です。この歌は、のちに加藤登紀子さんなども歌っています。

自分でつくった歌を、自分で歌っておられる――素敵だなあ、と永さんが思っていると、宮﨑さんにこう言われます。

「お前も作詞家なんだから、今度はお前が歌え」

「いやあ、とっても恥ずかしくて」

「恥ずかしかったらしなくていい」

永さんは、（ああ、僕は恥ずかしいんだ。作詞をすることが恥ずかしいんだ。それを歌うのはもっと恥ずかしいんだ）と、作詞家をやめようと思ったそうです。

当時、宮崎さんのもとに、長崎出身でヴァイオリンのうまい若者がいました。話上手で、しかもおもしろい話をする彼に永さんが、

「君は、ヴァイオリンを弾いて、落語みたいな歌を歌ったらどうだ」とアドバイスします——それが、さだまさしさんなんですよね。

のちにシンガーソングライターとなったさださんを見て、（自分の思いを自分の言葉、メロディでつくって、歌う——これが本来の歌にちがいない）と永さんは思ったそうです。

（参考：『上を向いて歩こう 年をとると面白い』永六輔　さくら舎）

三方損のお奉行さま

突然ですが、「お奉行さま」といえば、誰を連想しますか？

（あ、その前に奉行とは、江戸幕府では自治体トップくらいの地位です）

「北町奉行」といえば、遠山の金さん（遠山金四郎景元《かげもと》）。

「南町奉行」といえば、大岡越前守（大岡忠相《ただすけ》）とか……時代劇の影響って大きいですね。

ここで紹介します板倉勝重は、江戸時代初期の「お奉行さま」です。

江戸幕府初代将軍、徳川家康の信任が厚かった勝重は、江戸町奉行、京都町奉行、京都所司代などの重職を歴任しています。「方広寺鐘銘《しょうめい》事件」や「禁中並《きんちゅうならびに》公家《くげ》諸法度《しょはっと》」などでもその名を残していますから、興味のある方はネットで検索してみてください。

さて、その勝重が京都所司代を務めていたころの話。

京都の三条大橋で、3両を拾った人がいました。

（こんな大金……落とした人は、さぞかし困っていることだろう）

拾ったその人は、いずれ落とし主が引き返してくるだろうと、しばらく待っていましたが、いっこうに現れません。

しかたなく役人に届け、貼り紙でもって告知をしますと、はたして、落とした当人がやっと現れました。

しかし、落とし主はこう言うのです。

「落とした私が悪いのですから、金は、拾ったあなたが受け取ってください」

「いやいや、何をおっしゃいます。私はただ、これを拾っただけのことでして、この金は、あなたのものではありませんか。私がもらうわけにはいきません」

「いえいえ」

「いえいえ」

「そうはおっしゃらずに」

「そうおっしゃられても」

3両を前に、お互いに一歩も譲らない、善意と善意の応戦が続いておりました。その様子をじっと見ていたのが、京都所司代を務めていた板倉勝重です。

譲り合う両者に、(いい話だ) と感心しておりました。そして、

「どうだろう。その話に、私も入れてはくれまいか?」

言いながら勝重は、自分の懐から3両を差し出します。

彼らが押しつけ合う3両に、勝重が足した3両——合わせて6両となります。

「この6両から、3人が分け合って、2両ずつ取ることにしようではないか。そうすれば3人それぞれが、1両ずつ損をするだけになる」

3両を落とした人物は、1両損をした2両を手に。3両もらえるのを固辞した拾い主も1両損の2両を手に。そして、話に感心し3両を与えようとした勝重もまた、3両から1両を引いた2両を手にする——。

こうして、もめごとを公平に解決したそうです。


(参考:『心に響くいい話 [日本史] 感動のエピソード80』PHP研究所編 PHP研究所)

タイの「マンペンライ」

Mさんは、ご主人の仕事の関係でタイに数年住んでいました。

当初、そこでの生活は「苦行だった」と言います。

キーワードは「マンペンライ」。

日本語では「どういたしまして」「気にしない、気にしない」「大丈夫だよ」といった意味で、タイの人たちはとにかく、この「マンペンライ」を連発します。

約束の時間に大幅に遅刻してきても「マンペンライ」。

お店でお釣りを間違えても「マンペンライ」。

レストランで注文と違う料理が出てきても「マンペンライ」。

（エライところに来てしまったなあ……）

Mさんは嘆く日々でした。おまけに鉄道の時刻表はないし、従業員は雨が降ると会社に来ない……日本では考えられない出来事の連発です。

町に目を向けると、不衛生なのもキツイ。

道路に残飯を捨てるから、暑さもあって臭いがひどかったそうです。

これじゃあ、野犬が減るわけないわ。

日本の常識がまったく通じない、異国での生活がしんどくなっていきます。

けれど……そんな南国でしばらく暮らしていると、いつのまにか免疫力がついてきます。

そうなると、少しずつ、いろいろなモノが見えてきました。

たとえば、残飯を道路に捨てていたのは、実は「タンブン」という仏教の行いだったのです。タイは上座部《じょうざぶ》仏教で、貧しい人に食べ物を分け与えたり、鳥を空に、魚を川に放したりすることで「徳を積めばよい来世が送れる」というもの。日本の大乗仏教とは少し違う。

道路に捨てた残飯――と思っていたものは、犬たちへの施《ほどこ》しだったのです。それを知ったMさんは、了見が狭かった自分を猛烈に恥じました。

そうなると、今度は自らの常識を疑いはじめ、「日本人、どうなのよ?」と考えるようになりました。

たとえば、日本なら、大雨で家が浸水したとき、汚い水に腰まで浸かり、仲間と大笑いしながらバケツリレーができるだろうか?

また、ちょっと前、洞窟に閉じ込められたサッカー少年たちのこと――世界に発信されたニュースでしたが、「引率者のコーチを責めないで」と署名活動が起こり、救出作戦のそばでは、連日、ボランティアの炊き出しが。

最初に救出された子は、家がいちばん遠い子。理由は、洞窟から出たら自転車で帰らなくてはならないから。

日本だったら、「責任者だろ、謝罪しろ!」とコーチを吊《つる》し上げにするかも。親たちは、わが子をいちばんはじめに救出しろと激しく言い争いをするかも……。

その後、日本に戻ったMさん。

こんなに豊かで、平和な国に暮らしているのに、人びとはあまり幸せそうに見えません。イライラして、自分に正義があると勘違いしている人が増えていないか? と思うことが、しばしば。

そんなとき、**タイで出合った、相手を赦《ゆる》し、受け入れる「マンペンライ」の重要性を思い出す**そうです。

叩き上げ大統領・リンカーン

歴代アメリカ大統領のなかで人気が高いのが、エイブラハム・リンカーンです。「奴隷解放の父」と呼ばれ、「人民の人民による人民のための政治」という言葉は誰でも知っているでしょう。

貧しい家に生まれ、きちんとした教育を受けられなかった彼は、読書で知識を増やし、弁護士などを経て大統領に上りつめていきました。

そんな「叩き上げの大統領」を象徴するようなエピソードが残っています。吉野源三郎著『エイブ・リンカーン』（ポプラ社）にあるエピソードを紹介します。

ある朝、ホワイトハウスの前を歩いていた人に、「ちょっとちょっと」と呼びかける人物――髭《ひげ》をはやした背の高い男性がリンカーン大統領だとわかって、その人は驚きます。

リンカーンは、まるでお隣さんに話しかけるような感じで頼みました。

「新聞を早く読みたいのですが……すみませんが、街角で新聞の売り子を見たら、ここへ持ってくるように言ってもらえませんかね」

今日ではありえない……いやいや、当時でもありえないでしょう。

リンカーンは、自分は早く起きて仕事にかかろうとしたのだけれど、秘書たちはまだ出勤していませんでした。召使いを起こすのも気が引けて、ついには自分が外に出て、前を通る人にお願いをしたわけです。

庶民生まれの、苦労人だったリンカーンらしい話です。

まもなく新聞売りの少年がやってきて、リンカーンは無事に新聞を手にすることができました。

（参考：『エイブ・リンカーン』吉野源三郎　ポプラ社）

日本人のイメージが変わった瞬間

台湾出身のYさんは、10年ほど前に来日しました。

もともと日本が好きで、日本で働いてみたいと考えていた彼女は、日本語学校で学んだのちに大学院に進学。その後、大手アパレルメーカーに就職しました。

来日していた友達（日本語学校や大学院での同級生など）は、ほとんどが帰国してしまったので、会社の人以外では、週末などに会って、一緒に遊んでくれる人がおらず、しばらくのあいだ、さびしく過ごしていたそうです。

ある日、知り合いに誘われて、都内にあるバーのイベントに参加しました。

初対面の人ばかりなので、不安も半分、期待も半分で出かけます。

すると、「え、台湾から来たの？　日本語上手だね。私、台湾が大好きなの」と声をかけてくれた女性がいて、すっかり仲良くなりました。それから、そのバーで頻繁に会うようになり、楽しく過ごすことができるように。

彼女のおかげで、ほかにも男女を問わず日本人の友達がいっぱいできて……そのつながりで知り合った男性と結婚することになったのです。

そんな数年のつきあいのなかで、台湾出身の彼女が感じたこと。それは「日本人のイメージ」が変わったことでした。

それまで彼女が抱いていた日本人のイメージは「本音と建前がある」でしたが、結婚後、こんなことがありました。

夫と、その友達数人で旅をしたときのこと。

Sさんという女性と、Yさんの夫が口論になって、気まずい雰囲気になりました。

Yさんは面倒なことになったなあと困っていたのですが、旅から帰った翌日、Sさんから連絡があり、夫に対する不満を教えてくれたのです。

ケンカ相手は、夫だから私に言えないとか、立場があるから言うのをやめるとかではなく、自分の気持ちを隠さずに言ってくれた――それはなかなかできないことなので、日本人の「本音と建前がある」というイメージが変わったそうです。

その後も仲間と集まって、飲んだり、旅行に出かけたりしています。悩んだときにアドバイスをくれる相談相手でもあり、ほっこりさせてくれます。自分が台湾人であることすら忘れてしまう、とYさんは言います。

日本人は本音と建前があるので、心がつながっている友達はなかなかできないと聞きますが、そうとはかぎらないと彼女は思っています。

（ケンカをした二人はちゃんと仲直りして、いまでも飲み仲間だそうです）

司馬遼太郎さんの遺言

2021年に世を去られた作家の半藤一利さんは、編集者時代に司馬遼太郎さんとよく話をされていたそうです。

司馬さんが亡くなる1年前のこと。長時間のインタビューが終わり、食事をしても、バーで2次会をしていても、司馬さんはいつものように、えんえんと語っておられました。

その内容は、この国の行く末を憂えたもので、国の行く末を思うのは特殊な職業にある人だけでなく、一人ひとりの生き方が、国の行き方を定め、歴史をつくっていくのだというものでした。

「子孫に、青々とした山、きれいな川、誇らしい風土を残すため、日本人の八〇パーセント、いや九〇パーセントが合意できるような大事なことを見つけようじゃないか。そして、それをみんなで実行しようじゃないか」

半藤さんは、「九〇パーセントが素直に合意するなんて、ありえますかね」と反論しますが、「あるよ。絶望しちゃいかんよ」と司馬さんは答えます。

「それはネ。**日本の自然をもうこれ以上破壊しない。**これだ。**この一点だけを日本人がみんなして合意する。そして実行する。**まだ、間に合うと思うよ」

司馬さんの言葉を聞いて半藤さんは、これは司馬さんの遺言だと思い、自分が代わって叫びつづけなければならないと思ったそうです。

その半藤さんも鬼籍に入られ、二人の遺言は実現に近づいているだろうかと考える今日このごろです。

（参考：『忘れられない、あのひと言』「いい人に会う」編集部編　岩波書店）

中江藤樹先生の教え

江戸時代。

幕府が推奨した学問に朱子学がありますが、それと並び幕末などに信奉されたのが陽明学と呼ばれるものです。

代表的な陽明学者に、中江藤樹《とうじゅ》がいます。

1608年、近江《おうみ》（現在の滋賀県）に生まれた中江藤樹は、仕えていた加藤貞泰《さだやす》（伊予国大洲《おおず》藩初代藩主）に従って大洲（現在の愛媛県）へ移り住み、勉学に励みます。

故郷で一人暮らす母を案じるも、戻ることが許されないことから脱藩。戻ってからは私塾を開いていました。

その教えは庶民にもわかりやすく道徳を説いたもので、のちに「近江聖人」と仰がれることになります。

彼の教えを表す、こんな話があります。

ある飛脚が、大きな藩から200両という大金を託されていました。

ところが、この飛脚がウッカリさんで、道中、乗っていた馬の鞍《くら》に置き忘れたことに気づいたのです。馬はもう戻ってしまっています。

（どうしよう……）

と飛脚は真っ青になって、うろたえます。

すると……馬子《まご》が、200両を置き忘れていた馬を引いて、戻ってきたではありませんか。

「お忘れ物ですよ」

と、200両の包みを飛脚に渡します。

「ああ……よかった。ありがとう」

そう言って飛脚は、お礼に10両の金を渡そうとしましたが、馬子は頑《かたく》なに受け取ろうとしません。

なにゆえに、断るのだ？　と飛脚が聞くと、馬子は答えます。

「私が住んでいる近くの村に、中江藤樹という先生がおられます。私は、日ごろから、先生の教えを守っているのです」

「それは、どのような教えなのでしょうか？」

「親孝行をせよ。人のものを盗んではいけない。困っている人を助ける——私がお

金をあなたに戻したのも、先生の教えに従っただけのことです」

飛脚と馬子の話は広まっていき、中江藤樹に弟子入りを志願する者が現れます。

その一人が熊沢蕃山《ばんざん》という人物で、中江藤樹の下で陽明学を学んだのち、各地で災害からの救済、治水などで活躍しました。

陽明学は、幕府が推奨する朱子学に対抗する向きもあって、体制側からは疎《うと》まれることもありましたが、先に書いたとおり、幕末などでは吉田松陰《しょういん》、西郷隆盛など、維新の立役者たちにも影響を与えています。

（参考：『心に響くいい話［日本史］感動のエピソード80』ＰＨＰ研究所編　ＰＨＰ研究所）

ジュリーの男気

〝ジュリー〟こと、沢田研二さん。

数々のヒット曲で知られ、著者もカラオケでよく歌わせてもらっているのですが、あの歌声は男が聞いてもゾクゾクしますよね。

役者としてのジュリーも、みなさんご存じでしょう（近年は、映画「キネマの神様」で、亡くなった志村けんさんの代役をされていました）。

そんな彼の男気を感じるエピソードが、内田裕也著『ありがとうございます』（幻冬舎アウトロー文庫）にありますので紹介します。

映画「戦場のメリークリスマス」のキャスティングで、内田裕也さんを通じて

大島渚監督から沢田さんに陸軍大尉役の出演依頼がきました。

大島監督、内田さん、沢田さんの3人が顔を合わせたとき、撮影スケジュールを聞いて沢田さん、**「夏にツアーがあり、500人以上のスタッフが関わっているので、調整していただけませんか」**

とおっしゃったそうです。

「それはできない」と大島監督が言うと、沢田さんは立ち上がり、「では、この話はなかったことにしてください」ときっぱり言ったそうです。

おわかりの方もいらっしゃるでしょう――のちにこの役は、坂本龍一さんが務めることになったのです。

デヴィッド・ボウイとジュリーの共演も、見てみたかったですね。

（参考：『ありがとうございます』内田裕也　幻冬舎アウトロー文庫）

将軍吉宗、大奥をリストラ

江戸幕府の8代将軍、徳川吉宗。

イメージするのは、白馬に乗った「暴れん坊将軍」ですよね（あれにサンバを歌って踊る松平健さんが混ざって、もぉ、カオス〈笑〉）。

歴史の本などを紐《ひも》解くと、吉宗は「享保の改革」を行った人物としても知られています。新田開発や目安箱の設置など。

それと、ちょっとしたトリビアでは、隅田川の花火大会は飢饉《ききん》やコレラで亡くなった人びとの鎮魂のために、吉宗が始めたなんて話もあります。

　ささて、そんな吉宗ですが、火の車となった幕府の財政を立て直すために、自らリストラを実践したというエピソードが残っています。

　江戸城に入ったとき、彼には正妻がいませんでした。紀州藩の藩主時代に迎えた妻は、病没していたのです。

　そんな吉宗の入城に、当時１０００人からの女性たちを抱える大奥は、色めき立ちました。

「もしかしたら見初《みそ》められ……」

「玉の輿《こし》に乗れるかも……」

　などなど、自信のある美女たちは期待を抱きはじめます。

するとまもなくして、吉宗からお達しが。

《大奥のなかで、とくに美しいと評判の女性の名前を提出せよ》

「きゃ〜、きたわぁあ〜!」って、感じです。

予想どおりの展開に、自薦・他薦の名前が挙がっていきます。彼女たちの家のなかには前祝いまでやってしまうところも。

はたして美女リストができあがり、選ばれた彼女たちが自信満々で吉宗の前にずらりと並びます。

「うむ……評判どおりの、美女ばかりであるな」

吉宗、彼女たちを見てうなずきます。

そして、衝撃の言葉が飛び出しました。

「これだけ美しいのであれば、すぐにでも嫁に行けるだろう。暇をとらせるゆえ親元に戻り、嫁入りの仕度をするがよい」

エエエエ――――ッ!!!!

玉の輿を期待していた美女たちに、まさかのリストラ宣告が下されたのです。

吉宗は、さらにこう加えます。

「でもって、この場に選ばれなかった者は、嫁に行けずに苦労するだろうから、その者たちは残しておいてよい」

財政再建に直面した吉宗が最初に目をつけたのは、巨額の費用がかかっていた大奥だったのです。

（参考：『心に響くいい話［日本史］感動のエピソード80』ＰＨＰ研究所編　ＰＨＰ研究所）

燃えるカメラマン

これは、私が編集者をしていたころのエピソード。

旅行誌を出版する会社に転職したのですが、安い予算でつくらねばならず、苦労が絶えませんでした。

そんなとき、あるオーケストラの有名な指揮者を紹介することになり、撮り下ろしの写真も必要ということになりました(予算、ほとんどないのに……)。

困ったなあ、と思った私は、旧知のカメラマン、Tさんにすがる思いで連絡をしました。

「これこれの理由で、ギャラは安いんですけど、お願いできませんか?」

するとTさんから、「かつおさんの依頼なら喜んで」と、うれしい返事が——Tさんとは、若いころから仕事以外にフットサルをしたり、一緒に飲んだりしていた旧知の仲でした。

ですが、撮影当日に困ったことが起こりました。Tさんと一緒に、そのオーケストラの事務所にうかがうと、広報担当の方が、実はまあ、いわゆる「上から目線」の態度で、

「うちの○○はリハーサルで忙しいんです。撮影は5分で済ませてください」

——えええ……5分ですか？

下準備をしていたとしても、指揮者などのアーティストの写真を撮影するには、5分では足りないと、編集者を長くやっていた私はわかっています。けれど、広報担当は「5分」を譲りません。

困ったなあ、と思った私は、準備をしているTさんのところへ行って、「これこれの理由で、撮影時間が5分しかもらえなくて……」と言うと、Tさんは怒ることなく一言、

「燃えるな」とつぶやいたのです。

カメラマン魂に火が付いたTさん。**完璧に下準備をすませ**、リハーサルを抜けてやってきた指揮者の撮影を見事に5分以内で終わらせ、**完璧な写真を仕上げてくれました。**

確認用の写真を広報担当に見せたところ、その仕上がりの見事さに絶句していたのを、いまでも私は覚えています。さらに、

「あのカメラマンさんに、今後、仕事をお願いしたいと思うのですが」と言って

きたのです。

（Tさん、グッジョブ！）と思っていた私が、「……と言ってきましたけど」と伝えると、Tさんはフッと笑って、こう言いました。

「**ギャラしだいだな**」

私からの安いギャランティに快く応じてくれたTさんの、上から目線の広報担当への対応――このギャップがおかしくもあり、感動もあり、の思い出です。

そのTさん。

寄席演芸の写真を中心に、いまでも第一線で活躍しています。

ユーモアブレイク

〝知り合い〟ムツゴロウさん

〝ムツゴロウさん〟こと、畑正憲《はたまさのり》さん。

小説家、エッセイスト、プロ雀士などなど、多彩な肩書をおもちの方ですが、アラフィフ世代（50歳前後の人）にとっては、何といってもテレビ番組の「ムツゴロウとゆかいな仲間たち」（フジテレビ系）でしょう。

ライオンをはじめとする猛獣たちに接していく姿は、強烈な印象がありました。今日《こんにち》の動物バラエティ番組の走りは、ムツゴロウさんではないかと。

そんなムツゴロウさんについて、私にはおもしろいエピソードがあります。直接お話を聞いたわけではなく、お会いしたことがあるのです――東京の街中で。

編集者をしていたころ、仕事の打ち合わせで東京の表参道を歩いていました。
裏通りの細い路地で、私の前にはOLさんらしき女性二人が歩いています。

角を曲がって、こちらに向かってくる人物。

(あ、ムツゴロウさんだっ!)

子供のころからテレビで見ていた人なので、すぐ気づきました。
東京の表参道〜青山あたりを歩いていると、芸能人、有名人に会うことはめずらしくはないのですが、テレビで見たまんまの、あの顔が近づいてくると、ちょっとうれしかったり、(なぜか)緊張したりします。

どんどん、ムツゴロウさんとの距離が近づいてきます。

と、前を歩いていたOLさんの一人が、「こんにちは!」と、あいさつ。

（え、知り合いなの?）と、私はちょっと驚きました。

あいさつをされたムツゴロウさんも、ニコニコと「こんにちは」と返し、両者はすれ違い、ムツゴロウさんは私ともすれ違っていきました。

すると、さっきあいさつをしたOLさんが、ちょっと歩いてから、

「やだぁ、私。初めて会ったのに、反射的にあいさつしちゃったぁ!」

と二人で大爆笑。私もそれを見て笑ってしまいました。

テレビでずっと見ていたから〝知り合い〟だったのですね（笑）。

ていねいにあいさつを返してくれたムツゴロウさんって、いい人だなあ、と思いました。

第4章

情熱的な人生に胸アツの話

「シワは私の人生の歴史」

「ローマの休日」
「ティファニーで朝食を」
「マイ・フェア・レディ」

数々の名作への出演で知られ、アメリカ映画協会が選出した「最も偉大な女優50選」では第3位にランクインしているオードリー・ヘプバーン。

20世紀を代表する俳優であることは誰でも知るところですが、その後半生《こうはんせい》、銀幕から距離を置いていた理由をご存じですか？

酒田真実著『オードリー・ヘップバーン99の言葉』（徳間書店）には、オードリーの人生と、印象的な言葉が書かれていますので、その一部から彼女の魅力をご紹介します。

1929年、ベルギーで生まれた彼女は戦争の時代を過ごし、チューリップの球根を食べて飢えをしのぐなど、悲惨な日々を送っていました。

戦後、舞台俳優を経て、あの「ローマの休日」で映画デビュー（ちなみに無名時代、キャサリーン・ヘプバーンと名前がかぶるので改名を命じられたが、「名前を変えるくらいなら、映画もあきらめます」と断ったという、芯の強いエピソードもあるんですよ）。

「ローマの休日」で演じたアン王女の初々しさと、美しさ――ここから華やかな映画人生が始まるのですが……私生活は充実とはいえないものでした。

二度の結婚と離婚。数度の流産。

恋多き女性であったことは確かですが、そのぶん、つらい経験もありました。

二人の子供を授かると、仕事よりも彼らを愛します。

「わたしは子どもたちを選びました。それは幸せな正しい選択でした」

「2人の息子はわたしの宝物です。だから選択は簡単でした」

そして晩年はユニセフ親善大使の依頼を引き受け、その活動に力を注ぐようになりました。世界中の紛争地帯に赴き、子供たちに手をさしのべている映像を見たことがある方もいるでしょう。

これは前述の、自身が苦しんでいた時代に、ユニセフの前身となる機関に救われたことが影響しているそうです。

晩年のオードリーは、俳優、というよりもユニセフ親善大使としての印象が強かったと思います。

ベストドレッサーとして殿堂入りしていた彼女でしたが、その衣裳は10着ほどしか残っていなかったそうです。大好きだったジバンシーの服も、チャリティのために売ってしまった——。

また、晩年の彼女の容姿の劣化を、日本のマスコミが書き立てたときには、「このシワは私の人生の歴史。**シワの数だけ、人の優しさや愛を知ることができました**」と笑顔で返したそうです。

1993年1月20日に天に召された彼女。

この日はビル・クリントンの米国大統領就任式でしたが、彼女のニュースで式典中継は中断。世界中のティファニーの店には彼女の写真が飾られました。

（参考：『オードリー・ヘップバーン99の言葉』酒田真実　徳間書店）

昭和天皇行幸の舞台裏

前述（Ｐ１４３）で、さだまさしさんを永六輔さんに紹介した宮崎康平さん。

情熱的で、波乱に満ちた人生は、のちに映画やドラマにもなっています。

『まぼろしの邪馬台国』を書いた古代史研究家でもあり、永さんのページでも紹介した「島原の子守唄」でも有名です。

宮崎さんは土建業を営む家に生まれましたが、大学卒業後は映画会社に脚本家として入社しています。ですが、兄が亡くなったために家業を継ぎ、さらには島原鉄道の取締役にも就任します。

その鉄道会社にいたときのエピソード。

戦後、昭和天皇が全国に巡幸されるとき、宮﨑さんは島原にも行幸をお願いしました。しかし、「国鉄（現在のJR）のレールの幅と、島原鉄道のそれが違うので不可能」と断られます。

そこで宮﨑さん、なんと昼夜を徹した大突貫工事を行ったのです。

心労がたたって失明してしまいますが、それでも鉄道に乗車された天皇陛下に「左手に見えて参りました海が……」と、案内役をきちんと果たすことができたそうです。

目が見えないのに、どうしてできたのか？

事前に何度も鉄道に乗って、カーブの数を数え、それでいまどこを走っているのかを把握していたのです。

その熱意に、陛下は宮﨑さんの手を握って「ご苦労さまでした」と労《ねぎら》ってくださったそうです。

そして、ちょっと余談。

さださんのお父さんと親しくしていた宮﨑さん。Ｐ84にも書きましたが、さださんがヴァイオリンに挫折して故郷の長崎に帰ってきます。ギターを弾いて歌っていると聞き、「わしの前で何か歌ってみろ」と呼びつけました。

のちのグレープとなる二人の若者の歌を聞いた宮﨑さんは、さださんのお父さんに向かって、「ちょっと、させてみましょうか」と音楽活動を認めます。そして前述の、永六輔さんへの紹介へとつながっていくわけです。

またさらに、「お前は、長崎人が脈々と守り続けている『精霊流し』を、なぜ歌にしないのだ？」——と。

もう、おわかりですよね。あのヒット曲の誕生の裏に、宮﨑さんの存在があったのです。

（参考：『やばい老人になろう やんちゃでちょうどいい』さだまさし　ＰＨＰ研究所）

葛飾北斎のプライド

1999年にアメリカの雑誌「ライフ」が「この1000年でもっとも偉大な業績を残した世界の100人」という特集を組んだとき、唯一選ばれた日本人が、江戸時代の浮世絵師、葛飾北斎です。

ゴッホやモネなど、西洋の画家たちに影響を与えた北斎の絵――「富嶽三十六景」など、目にしたことのある方も多いでしょう。

2017年に、ちょっとおもしろいニュースがありました。

オランダの国立民族学博物館に所蔵されていた6枚の絵が、北斎の肉筆画だと判明したというのです。

北斎からその絵を受け取り、オランダに持ち帰ったのは医師のシーボルトだそうです。シーボルトの記録によると、江戸を訪れた彼のもとを北斎が訪問していたと……勉強熱心な北斎のことですから、西洋画法について質問していたのでしょう。

当時は外国人との接触が制限されていた鎖国時ですから、北斎は自分の名前を絵に残さなかったとされます（シーボルトがスパイで、日本の様子を探るために絵を依頼していたなんてウワサもあるんですよ）。

その北斎と、シーボルトと思われる外国人医師との間にはエピソードがほかにもあるのです。

北斎が30代のころ。

彼のもとに、長崎に来航したカピタン（商館長）から巻物を描いてほしいと依頼がありました。その内容は、冠婚葬祭など、日本人の一生を描いた男女それぞれ1巻ずつ。

代金は150金。まだ絵師として名を成していない北斎にとっては、生活のために願ってもない話でした。

すると、カピタンに同行していた医師（これがシーボルトとされます）も、同じものを注文したいと……。

合わせて300金！

北斎は気合いを入れて、巻物2巻を2セット描き上げ、納品します。

ところが、カピタンは約束どおり150金を支払いましたが、医師のほうが値切りはじめたのです。

「私は稼ぎが薄いもので……半額の75金に、まけてくれないか？」と。

北斎は怒ります。

「なぜ、最初にそれを言わなかったんだ！　そうとわかっていたら、同じ絵でも、違う描き方をして仕上げたのに」

「だったら、2巻あるうちの1巻だけ、75金で……」

「断る！」

2巻とも抱えて家に帰った北斎に、「外国人だからこそ、買ってくれる作品ですよ。1巻だけでも売ってくれればよかったのに」と、奥さんがグチります。

すると北斎はこう言ったそうです。

「だからなおさら、売らずに持ち帰ったんだ。**自分の損を軽くしようとして金を受け取れば、『日本人は値切ることができる』と見下されるだろう。それは日本の恥にもなる**」

北斎のプライドに江戸っ子たちは感心したといいます。

そして、話を聞いたカピタンが残りの2巻を150金で買ったそうです。


（参考：『心に響くいい話［日本史］感動のエピソード80』PHP研究所編　PHP研究所）

最初の読者に一礼

ほかのページでも書いたように、私は、大学卒業後に出版社に就職して、編集者をやっていました。

この編集という仕事。

書籍や雑誌をつくるという仕事なのですが、企画、取材、進行、予算管理など、一人で何役もこなす作業です。

求められる資質はというと、先輩編集者の言葉で覚えているのは、「企画力」「人脈」「マネージメント力」「すぐ返事をする」の四つ。

たしかに、これまでに出会った「できる編集者」さんたちは、この四つを備えているなあと。

作家としてデビューし、今度は編集者さんと仕事をするという立場になって、わかったことがあります。それは、**作家にとって、編集者は「最初の読者」である**、ということ。

わかりきった話ですが、いざ物語を生み出す立場になってみると、この存在は非常に大きいなあと実感します。

たとえば、いまこうして書いている（まあ実際は、パソコンに入力しているんですけど）原稿も、いちばん初めに読んでもらうべく、担当編集さんに添付メールで送っているのですが、実は私、毎回、正座して、一礼してから「送信ボタン」を押しているんです。

そのくらい、「最初の読者」である編集者さんに読んでもらうとき、緊張しているんですよね。

さて、そんな私の長年の友人に、某出版社で働いている、Kさんという編集者がいます（前述の資質をすべて備えている人です）。

私が大卒後に就職した会社の入社同期だったのですが、その出版社に転職。湊かなえさん、三谷幸喜さんなど錚々たる方々の担当でもあるのですが、いまはかなりエライ人です。

Kさんの小説への熱意は、それはもうスゴイものがありまして。

たとえば海外取材で、空港で数時間待っていたときに、柚月裕子《ゆづきゆうこ》さんの『孤狼の血』を読んで、感動のあまり人目もはばからず号泣していたとか。

私とはメールで「最近読んだ、おもしろい本」を紹介しあっているのですが、紹介してくれる本のすべてが「当たり」なんですよね。

で、「最初の読者」の話に戻ります。

Kさんとは、ご縁があって、拙著『空き店舗（幽霊つき）あります』の担当もしてくれました。そのときの話です。

いつものとおり、正座、一礼したのちに、Kさんに原稿を送信。

「最初の読者」の感想は……と、待っていると「よかったよ」と、率直な感想をもらって、とりあえずは一安心といったところでした。

しばらくたって、カバーなど、細かい打ち合わせをするためにKさんを直接訪ねます。するとKさんのいない場所で、別の編集者がこんな話をしてくれました。

この出版社では、複数の編集者が一つの作品をチェックしているとのことで、拙作を読んでくださったその方も「おもしろかったです」と。さらに——。

「Kですが、ささきさんの作品を号泣しながら読んでましたよ」

私も泣きそうになりました……。

仕事とはいえ、担当作品に思いを寄せてくれる編集さんと仕事ができること、作家にとってこれ以上ない喜びだと思うのです。

家老・栗山大膳の諫言

江戸時代、福岡藩の黒田家に仕えた家老で、栗山大膳《だいぜん》という人物がいます。

黒田家といえば、黒田官兵衛が有名ですね。

NHKの大河ドラマにもなった官兵衛は、岡田准一さんがその役を務めていました。私の記憶に残っているのは、荒木村重《むらしげ》が織田信長に謀反し、それを諫《いさ》めようとした官兵衛が幽閉されてしまうシーン。

濱田岳《がく》さん演じる善助という家臣が官兵衛を救い出すのですが、その善助が、ここで紹介する栗山大膳の父親です。

時は流れ、福岡藩の2代目藩主は、官兵衛の孫である黒田忠之。

22歳で藩主になった彼は、いまでいうところの「わがままな、お坊ちゃま」だったそうです。

祖父、父のような戦国時代の苦労を知らないドラ息子藩主は、父が後見人と見込んだ栗山大膳をはじめ、父親時代からの重役陣をよく思っていません。

藩政はやりたい放題。

足軽出身の美少年を側近にしたり、幕府の許可を得ずに大きな船をつくったり……。

たまらず、栗山大膳は忠之に「諫言書《かんげん》」を書いたのですが、主君はそれを握りつぶします。「古い者の考えなど、聞いてられん。俺には俺のやり方がある」とでも言わんばかりに……。

ついに栗山大膳は、究極の手段に打って出ます。

それは、忠之に諫言した内容を、そのまま江戸幕府に提出すること。

今日でいうところの「内部告発」でした。

その正当性は認められるべきものでしょうが、いま以上に体面を重んじる武家の世です。大騒ぎになりました。

密告された忠之は、当然ですが大激怒。

藩主と、その家老は江戸に呼び出されることになるのですが、二人は別々に調べを受けました……というのは、調べにあたったのは、戦国時代からの元老たちで、お坊ちゃん藩主に手を焼いていた栗山大膳の苦労を知っていたからです。

しかも栗山大膳は、事前の根まわしをしっかり行っていたのです。

（かくかくしかじかの内部告発をしますので、よろしくお願いします。つきましては、**私を厳罰に処していただいてもかまいませんが、黒田忠之様、福岡藩だけは、なにとぞ寛容なご沙汰を……**）

藩主を、藩を思う栗山大膳に元老たちはいたく感心し、彼の意を汲《く》むことに。

調べが終わり、栗山大膳には、「家臣が、主を告発するとはもってのほか――よって盛岡藩お預かりとする」という事実上の追放。

そして藩主、黒田忠之には、「いったん、藩を没収して、また同じ領地を与える」という事実上のおとがめなし。

その温情に、栗山大膳は涙をハラハラと落としたそうです。

主君を、藩を守るために栗山大膳が己を犠牲にした話は「黒田騒動」として、のちに歌舞伎や映画などで知られることになります。

（参考：『名家老列伝 組織を動かした男たち』童門冬二 PHP文庫）

下手くそだからこそ

サッカー界のスーパースターといえば、リオネル・メッシ選手や、クリスティアーノ・ロナウド選手ですが、日本人プレイヤーでも、世界のリーグで活躍する選手が多数います。その大半は10代からその才能を開花させて、世界に名を轟《とどろ》かせています。

〝ボンバーヘッド〟の愛称で知られる元日本代表キャプテンの中澤佑二さん――現在はスポーツ解説者としてテレビなどで活躍しています――のサッカー人生は、決して華やかなものではありませんでした。自著『下手くそ』（ダイヤモンド社）で、彼が語っている道のりを紹介します。

サッカーを始めたのは小学6年生のとき。

本人曰く、「僕はサッカーが本当に下手だったし、自分でもずっとそう自覚していた」そうですが、「プロサッカー選手になる」という夢を捨てませんでした。高校卒業後、単身ブラジルにサッカー留学もしましたが、プロへの道はなかなか開けません。

それでも彼はサッカーを続けます。**なぜならサッカーを愛していたから。**

転機は、20歳になったときに訪れます。ヴェルディ川崎（現在の東京ヴェルディ）のユースチームと母校の高校が練習試合をすることになり、彼は2歳サバを読んで試合に出させてもらったのです。

結果、彼のヘディングシュートで試合に勝ち、ヴェルディの練習生として契約を結んでもらうことができました。

それを機に、彼はさらに練習を続け、21歳のときにヴェルディ川崎のレギュラーに入ることができ、その年のJリーグの新人王に選ばれました。

その後、横浜Ｆ・マリノスに移籍、日本代表にも選ばれてキャプテンを務めたことは先に書いたとおりです。

彼は、「下手くそ」について、こう語ります。

「下手くそだからこそ、人よりたくさん練習したし、下手くそだからこそ、サッカーがうまくなる方法を必死で考えた。**下手くそは、僕を奮い立たせ、前へ進ませる原動力だった**のだ。サッカーをここまで続けることができたのも、下手くそな自分のおかげだと思っている」

（参考：『下手くそ』中澤佑二　ダイヤモンド社）

特攻隊にささげる歌

歌手の淡谷《あわや》のり子さんを覚えておられる方は多いでしょう。

50代の私としては、歌手として——よりは、ものまね番組の審査員として、清水アキラさんのネタに渋い顔をされていた印象があります。

淡谷さんは１９９９年に亡くなったのですが、戦前、戦後を歌手として駆け抜けた人生はなかなかに壮絶なものでした。それが歌に対する厳格な生き方、あの辛口な表現につながっていたのだと思われます。

たとえば、大晦日のＮＨＫ紅白歌合戦。

このステージが目標である歌手も多く、苦節ン年で選ばれ、泣きながら歌っている方も見受けられます。

淡谷さんは、泣いている歌手について、「泣くのは客であって、歌い手は泣いちゃいけないんだ」と言って怒りました。

でも、その淡谷さん本人が、目を潤ませて歌っている姿を、永六輔さんは見たことがありました。P140でも紹介した永六輔著『上を向いて歩こう 年をとると面白い』(さくら舎)に書かれたエピソードです。

淡谷さんのファンだという、沖縄の小さな島に住むおばあさんの前で歌ったときのことです(おばあさんは、沖縄戦での集団自決で生き残った方でした)。

「泣いてたでしょう」と永さんが言うと、淡谷さんは「泣いてない」と否定。

それでも永さんがしつこく「泣いていたと思う」と言ったら、そこで淡谷さんは「泣いていたかもしれない。でも、これで二度目、これからは絶対に泣かない」と言ったそうです。

じゃあ、一度目は――。

1907年に青森で生まれた淡谷さんは、上京し、音楽学校でクラシックの基礎を学びます。卒業後、クラシックでは生計を立てられず流行歌を歌いました。1937年に「別れのブルース」が大ヒット。人気歌手となったわけですが、時代は戦争に突入します。

特攻隊が多く出撃する鹿児島の基地を慰問し、歌っているときのことです。歌う前の彼女に、そこの士官が来て、「**歌っていらっしゃるあいだに特攻隊に出撃命令が下りるかもしれません。そうしましたら、歌ってらっしゃるかもしれないけれど全員出撃していきますので、それは気にしないで舞台のほうを続けてください**」と。

はたして淡谷さんが歌っていると、何人かが立ち上がります。

そして彼女の前まで来て、「ありがとうございました」「行ってきます」と、小さい声で言って出ていくのです。

見送りながら――もう涙が出てきてしようがなかったそうです。

「人が死にに行くのを送る歌なんか歌わない」と、戦意を鼓舞する歌は歌わず、禁止されていたパーマをかけ、ドレスをまとって、ブルースを歌っていました。

軍刀を抜いて「斬ってやる」と脅してきた士官もいて、殺される寸前までいったこともありましたが、それでも彼女は命令に従うことはありませんでした。

後年、私たちが見ていたあの気骨ある表情や言葉は、そんな体験に根ざしたものだったのですね。


（参考：『上を向いて歩こう 年をとると面白い』永六輔　さくら舎）

写真家になった先生の教え

小学校から野球に打ち込んでいたMさんは、希望していた強豪校に入ることができず、滑り止めで入った高校には野球部がありませんでした。

入学当初、ひどく落ち込んで「もう野球はやめよう」とあきらめていたのですが、同じように野球がやりたいという仲間に出会います。だったら、新しく野球部をつくればいいと考えました。

なんとかメンバーは集まり、あとは顧問の先生を見つけるだけ。手を挙げてくれたのは美術の先生。でもその人、色白でガリガリで……。

「野球はおろか運動経験もまったくないけど、それでもよければ引き受けるよ。好きなことを楽しもう！」

野球部がスタートすると、その先生は毎日、ぶかぶかのユニフォームを着てグラウンドにやって来ました。運動経験もないのに生徒たちと一緒に練習に参加。ノックを受け、バットを振り、グラウンドを駆けまわります。部員以上に汗をかいて、ユニフォームと顔は泥だらけに……。

「顧問を引き受けた以上、私も野球の楽しさを知りたい」と、先生は笑います。

試合では、ルールブックを手に突拍子もない作戦を指示します。あきれていた部員たちは、彼の作戦にとまどいましたが、見事に勝利することも。

点が入り、アウトを取るたびに、子供のように飛び上がって喜ぶ先生。でも、誰かをバカにしたり、自分勝手なプレーをしたりすると、「**誰かを傷つけ**

ることは、野球のルールにはない！」と、本気で怒りました。

試合に勝つことだけを考えていたMさんでしたが、先生に出会ってから、自分たちで考え、つくりあげていく野球が楽しくなっていきました。勝敗でなく、楽しいと思うことが何よりも大切だ——ということも。

高校3年生——最後の試合のあと、先生はみんなに1冊ずつ、アルバムを渡してくれました。「こっそり撮ってたんだ」という写真には汗と泥にまみれた、晴れやかな顔、苦しい顔、悔しさいっぱいの涙顔が並んでいます。

「**これは、君たちががんばった証《あかし》だ。私にとっても宝物だよ**」

昔、写真家になるのが夢だったという先生。部を立ち上げ、一所懸命に走っているMさんたちを見て、もう一度、夢に挑戦したくなって……。

その後、先生は写真家に転身し、世界中を飛びまわっているそうです。

（参考：松田良弘「心の中のグラウンドを駆ける」『PHP』2020年8月号　PHP研究所）

2着のシャネルスーツ

シャネル――世界を代表するブランドであり、それを身につけることは多くの女性の憧れでもあります。

その一大ブランドを築き上げたココ・シャネルについて、数ページで語ることは到底できませんが、山口路子著『ココ・シャネルの言葉』（だいわ文庫）から、波乱に満ちた彼女の生涯のなかで、ファッションについての戦いだけでもお伝えできればと思います。

彼女がファッションデザインを始めたころ、「女性の美しさ」は19世紀にもてはやされた豊満なものでした。

でも彼女はそれにあらがい、シンプルな服を着て、スレンダーな体型を際立たせ、髪も短くしました。

彼女をまねる女性たちが増えると、

「街から女性がいなくなった。シャネルがつくりだした少年しかいない」

と揶揄《やゆ》する声があがりましたが、彼女は気にしません。

男性のようになるのではなく、男性と対等であることを大事にしていたのです。

またあるとき、友人である詩人のジャン・コクトーが、

「シャネルは男性的精神の持ち主だ」と言いました。

これに彼女は激怒し、挑戦的に頭に大きなリボンを飾ります。

ファッションにくわしい方ならご存じでしょう。この蝶結びが、のちにシャネ

ルの代表的なアイテムとなっていきました。

どんなときでも女性らしさを失わずにいることを大切にしていた**彼女は、「自分が女性であること」を最強の武器にしていた**のです。

彼女が生きていたのは、男社会で女性が活躍することが難しかった時代です。デザイナーはほとんどが男性であり、彼らは女性に着せたい服をつくることしかできなかった。

彼女は、自分が女性であることを意識していたから、着る人（女性）の気持ちがわかっていた。だからこそ、シャネルブランドは世の女性たちに受け入れられたのでしょう。

「私は自分が着たい服を着ただけ。**私はいつだって自分が着たいと思うもの以外作らない**」

孤児院で育ち、多くの男性を愛し、愛され、男性優位だった社会で、自分のファッションを貫き通したココ・シャネルは、１９７１年に87年の生涯を閉じました。

パリのオテル・リッツで亡くなったとき、クローゼットには、彼女が愛用していたシャネルのスーツが２着かかっているだけでした。その２着が、彼女が武器として磨き上げた到達点だったのですね。

葬儀にはシャネルのモデルたちが、シャネルスーツを着て参列していました。

（参考：『ココ・シャネルの言葉』山口路子　だいわ文庫）

エンドロールにあった父の名前

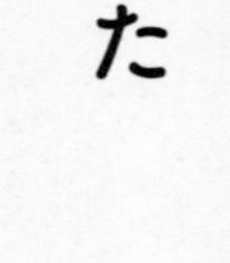

プロデューサーという言葉は、ご存じですよね。

有名なのはアニメの巨匠、宮崎駿《はやお》監督とタッグを組んでいる鈴木敏夫プロデューサー。数々のジブリアニメのヒットには鈴木さんの存在がある、といわれていますよね。

テレビでは、ヒット番組を生み出しているプロデューサーも有名です。加地Pとか、佐久間Pとか、「P」＝プロデューサーだと認識している方も多いかと。

でも、そのプロデューサー、具体的に何をしているのかというのが、実のところ、よくわかりません。

アニメ、テレビ番組をつくっているのは監督やアニメーターたち、現場のディレクターたちで、プロデューサーとなると……はて？

私の知り合いにも、プロデューサーをされている方がいるのですが、その方――某大手映像制作会社のOさんは、タレントのマネジャーからキャリアをスタートし、制作会社へ転職。テレビ番組やテレビコマーシャルの制作を経験したのち、映画のプロデューサーに。

業務はさまざまで、他部署と連携してクライアントに企画、提案。プロジェクトがスタートするとキャスティング、撮影中にトラブルが発生すると解決のために走りまわり、最後はお金のやりとり……。

とにかく、「何でもやる」のがプロデューサーであり、その仕事を一言で説明するのが難しいので、なかなか理解ができないのかなあと。

さて、そのOさんの話。

彼には、溺愛《できあい》している一人娘がいます。

父親曰く、「人の輪に入るのがちょっと苦手」な娘さんで、Oさんは心配していました。

小学生のころ、学校から帰ってきた娘さんに元気がありません。

「どうしたの」と聞くと、彼女の学校には有名人のお子さんがいて、その子たちのキラキラした様子に引け目を感じてしまったようです。

「お父さんって、どんな仕事をしてるの？」と娘が聞いてきます。

さて、プロデューサーを娘にどう説明すればわかってもらえるか。父親の仕事に誇りをもってもらうには……とOさんは考えます。

当時、関わっていた映画で、撮影のために桜の木を移植する必要がありました。

そこでOさんは、「お父さんの仕事を、ちょっと手伝ってくれないか？」と娘さん

を仕事の現場に誘いました。遠くから送られてきた桜の木を、スタッフ、娘さんと一緒に運んでいきます。

無事に桜の移植が終わると、娘さんは満面の笑み。プロデューサー業の、ほんの一部だけれど「お父さんの仕事」が伝わったかな、とOさんは思いました。はじめて父親の仕事を知って、明るくなった娘さんは、徐々に自信をもてるようになったそうです。そして、映画が完成すると――。

「お父さんの名前が映画のエンドロールに入ってるのが、私の自慢なの」

何でもやる、大変なプロデューサー業ですが、エンドロールの名前を娘さんに見てもらいたくて、Oさんは今日もがんばっています。

「お前のはなしはおもしろくねえな」

2021年、惜しまれつつ世を去った落語家、10代目柳家小三治さん。

人間国宝にも認定された名人芸は多くの人たちを楽しませてくれましたが、その道のりは決して平易なものではありませんでした。『どこからお話ししましょうか　柳家小三治自伝』（岩波書店）などを参考に、小三治さんの人生を紹介しましょう。

子供のころから人を笑わせることが好きだった小三治さん。高校時代は落語研究部に入り、ラジオ東京（現在のTBSラジオ）の「しろうと寄席」で15週連続勝ち抜くなど、自信をもって5代目柳家小さんさんに入門します。

けれど、師匠の言葉は冷たいものでした。

「お前のはなしはおもしろくねえな」（前掲書）

おもしろいって一体どういうことなんだろう。笑うこと？　感動すること？　と考え込んでしまったそうです。

もがきながら、小三治さんは努力を続けます。苦労したのはネタを覚えることでした。練習はするけれど頭に入らない。先に行かない。

二ツ目のころから、**落語をせりふで覚えるのでなく、登場人物の気持ちになって、その人の発言として覚えていく**ようになりました。本人曰く、「それが結局は私の、小三治の基本の『き』なんじゃないんですか」（前掲書）と述懐しています。

小三治さんは多趣味、多人脈の人でした。クラシック音楽、俳句、バイク。趣味や旅からつながった人との絆《きずな》。それらが落語の血肉となっていきます。

音楽、小説、芝居に映画——自分以外のものから自分を発見し、雑誌の対談から「うまい」とは何かを考えるようになります。うまくやろうとせず、感じたとおりに表現すればいいとわかっていくのです。

晩年は、3代目古今亭志ん朝さんの、その口調の奥にあるものから、噺《はなし》の真髄に気づいたそうです。その話が見事すぎるので、最後に紹介します。

「私はやっぱり口調じゃなくて、**中に秘められている人柄、立場、そういうもので噺をしてかなきゃあ、人を動かすことはできない**ってことに、まあ、気がつくことは気がついたんです。それができるようになれば、いつ死んでもいいってなるんでしょうけど、まだいつ死んでもいいとこまでいかないねえ。うーん、まだまだ。あと二十五年ぐらいは欲しいね」(前掲書)

（参考：『どこからお話ししましょうか　柳家小三治自伝』柳家小三治　岩波書店／『プロフェッショナル仕事の流儀　2008-2009』NHK「プロフェッショナル」制作班編　ポプラ社）

寿恵子おばあさんの最期の言葉

命あるものには、必ず終わりが訪れます。

亡くなった方には、その人の人生を象徴するようなエピソードがあるでしょう。

これは、十数年前に98歳で世を去った義祖母の話。

明治の終わりに生まれた寿恵子おばあさんは元気な人で、若くしてご主人を亡くしてから90歳を過ぎるまで、自らの希望でずっと一人で暮らしていました。

食べること、お酒を飲むことが大好きだった寿恵子さん。私もご相伴《しょうばん》にあずかったことも、いまではいい思い出です。

さすがに晩年は体力も落ち、施設で生活していたのですが、ある日の昼食のデザートが、寿恵子さんの大好物のミカンでした。

1個を平らげ、ニコニコ笑顔で職員さんにこう言ったそうです。

「ああ、おいしかった」

それを聞いていた職員さん。しばらくして寿恵子さんを見ると、もう息をしていなかったそうです。

ミカンを喉に詰まらせた!?　大あわてで医師を呼んだところ……そうではなく、老衰で天寿をまっとうしていたのです。

食べることが大好きだった寿恵子おばあさん。

最期の言葉が、大好物のミカンを食べてからの、「ああ、おいしかった」なんて、幸せな終わり方だなあと思いました。

昭和の歌姫のラストステージ

あなたは「歌姫」という言葉を聞いて、誰を思い浮かべますか。

古今東西、人によってイメージは違うと思いますが、「昭和の歌姫」と選択肢を絞っていくと、美空ひばりさんの名前が浮かぶ方が多いのではないでしょうか。

大病から復活した１９８８年４月に東京ドームで「不死鳥コンサート」を開いたことは、多くの人に知られるところです（ちなみに、邦人のソロアーティストとして東京ドームでコンサートを行ったのは、ひばりさんが初めてです）。

復活したかに見えましたが、病魔は再び彼女を襲います。付き人として、ひば

りさんに仕えていた関口範子さんが書かれた『美空ひばり恋し お嬢さんと私』（主婦と生活社）から、その様子を紹介します。

翌１９８９年、全国28カ所のツアー初日は福岡でした。

昼の部が終了したひばりさんの体調はすぐれず、足は青紫に腫れ上がっていました。

「舞台に立てる状態ではない」と、医師からは夜の部の休演を勧められましたが、ひばりさんは、

「お客さんに申し訳ないから、何がなんでも歌わせてほしい」

そう言ってステージに立ち、全力で歌い、２時間たっぷりお客さんを楽しませたのです。

のちに医師が下した診断は間質性肺炎――普通に呼吸をするだけでも苦しいはずの肺活量だったそうです。

翌日、ヘリコプターで次の公演先、小倉へ。

そこでもひばりさん、ステージでは気丈でした。

「私は初めてね、ヘリコプターというものに乗っちゃったの。早く会場へ着きたいなと思ったし、乗ってみたんですよ。快適でしたよ。お天気もよくて、風もなくてね。そしたら味しめちゃってね。夜も乗って帰ろうかしら」

体調が悪いからヘリコプターで来たのに、ファンを心配させたくない彼女は、そんなことを言って、安心させようとしたのです。

公演後、体調は悪化して再入院となり、ツアーは中止に——結局、その小倉公演が、生涯最後のステージになりました。

そしてこの年——1989年6月24日。

昭和の歌姫、美空ひばりは、昭和が終わった年に天へ旅立っていきました。

（参考：『美空ひばり恋し お嬢さんと私』関口範子　主婦と生活社）

〝周辺のカルカッタ〟で働く人に

マザー・テレサの功績、残した言葉については、多くの方が教科書や伝記などでご存じかと思います。

たとえば、1979年にノーベル平和賞を受賞した際。

「私は受賞するにふさわしい者ではありませんが、世界中の貧しい人びとに代わってこの賞をいただきます」とスピーチし、晩餐会も「そのお金を、貧しい人びとにお使いください」と辞退したという話。

私が強烈に覚えているのは、「愛の反対は憎しみではなく、無関心です」という言葉です。

宗教うんぬん関係なく、この言葉を知って、なるほど……と腑《ふ》に落ちたことをいまでも覚えています。世界中の、困難にあっている人びとを思え、と。

彼女は3回、日本を訪れています（1981年、1982年、1984年）。1982年の来日のときに、通訳を務められたのが渡辺和子さんでした（彼女の『置かれた場所で咲きなさい』という著作を読まれた方も多いと思います）。

その渡辺さんが、『マザー・テレサ 愛と祈りのことば』（PHP文庫）という本で語っているエピソードが印象的でしたので、ご紹介します。

マザー・テレサの講演に感動した学生たちが、カルカッタ（現在のコルカタ）にボランティアとして行きたいと申し出ました。

するとマザー・テレサは、こう述べたのです。

「わざわざカルカッタまで来なくても、あなたがたの〝周辺のカルカッタ〟で働く人になってください」

マザー・テレサは、カルカッタのスラム街で活動していました。

そこは貧しい人びとで溢れていたのですが、マザー・テレサの説く貧しさとは、決して物質的なものだけではなかったのです。

物質的に飢え、病み疲れた人はいなくても、愛に飢え、仕事などに病み疲れた〝貧しい人びと〟が、来日していた彼女には見えていたのでしょう。

亡くなって20年以上が経ちますが、天国の彼女にいまの日本は、世界は、どう見えているのでしょうね。

（参考：『マザー・テレサ　愛と祈りのことば』マザー・テレサ著／ホセ・ルイス・ゴンザレス-バラド編／渡辺和子訳　ＰＨＰ文庫）

あとがき

最後までおつきあいいただき、ありがとうございました。

私自身の話だけではなく、友人、知人から聞いた話、読んできた本などから、私が「いいなあ……」と思った話をまとめたこの本。読んでいただいた話のなかで、一つでもあなたの心がフワッと軽くなるものがあったらうれしいです。

書いていて、気づいたことが二つありました。

一つは、無関係に見える61の話が、実はいくつかつながっているということ。

たとえば、P184でご紹介した宮崎康平さんが、さだまさしさんの才能に気づいて、永六輔さんに紹介したり（P143）。かと思えば、さださんが岩崎宏美さんを励ましたり（P34）……と、人と人とがつながって、物語が生まれているんですね。

かくいう私も、さださんの挫折の話（P84）で、前橋汀子《ていこ》さんが「挫折して正解でしたね」という場面に、ライターとしてその場所にいたんです。

人生って、人と人のつながりなんだなあ、と感じたしだいです。

気づいたことの二つ目。

これは本当に私事で恐縮なのですが、この本を執筆する少し前に、ある人物に心ない言葉を吐きつづけられ、しかもそれが私の人生の根幹に関わることだったので、身も心もボロボロになっていました。

そんなときに執筆依頼をいただいて（はたして自分に書けるのかしら？）と半信半疑で、一つひとつ書いていくと……自分の心が軽くなっていくのが自覚できたのです。

いちばん先にこの本に救われたのは、自分だったのだ、と。

前述のとおり、この本を読んでくださった、あなたの心が少しでもフワッと軽くなってくれれば……としたためた61のストーリー。

「人と出会い、言葉をもらって、人生が変わっていくことがあります」と「まえがき」で書きましたが、あなたがこの本に出合って、各話の言葉から人生がいい方向に変わっていくことを願ってやみません。

明けない夜はない。

止《や》まない雨はない。

新型コロナは終息する。戦争は終わる――そう信じて、これを書いています。

自由に出歩くことができるようになったら、あなたは何をしたいですか？

私は、旅に出て、いろんな人と会って、いろんな話をしたいと思います。

もし、お会いできる機会があったら、あなたの話を聞かせてくださいね。

《おもな参考文献》

『ＰＨＰ』〈記事の詳細は各話に記載〉
『高倉健、その愛。』小田貴月（文藝春秋）
『昭和と師弟愛 植木等と歩いた43年』小松政夫（ＫＡＤＯＫＡＷＡ）
『やばい老人になろう やんちゃでちょうどいい』さだまさし（ＰＨＰ研究所）
『忘れられない、あのひと言』「いい人に会う」編集部編（岩波書店）
『ちゃんぽん食べたかっ！』さだまさし（ＮＨＫ出版）
『幸福論』ＰＨＰ研究所編（ＰＨＰ研究所）
『独学のススメ』若宮正子（中公新書ラクレ）
『こころ揺さぶる、あのひと言』「いい人に会う」編集部編（岩波書店）
『心に響くいい話［日本史］感動のエピソード80』ＰＨＰ研究所編（ＰＨＰ研究所）
『上を向いて歩こう 年をとると面白い』永六輔（さくら舎）
『エイブ・リンカーン』吉野源三郎（ポプラ社）
『ありがとうございます』内田裕也（幻冬舎アウトロー文庫）
『オードリー・ヘップバーン99の言葉』酒田真実（徳間書店）
『名家老列伝 組織を動かした男たち』童門冬二（ＰＨＰ文庫）
『下手くそ』中澤佑二（ダイヤモンド社）
『ココ・シャネルの言葉』山口路子（だいわ文庫）

『どこからお話ししましょうか　柳家小三治自伝』柳家小三治（岩波書店）
『プロフェッショナル仕事の流儀　2008-2009』NHK「プロフェッショナル」制作班編（ポプラ社）
『美空ひばり恋し　お嬢さんと私』関口範子（主婦と生活社）
『マザー・テレサ　愛と祈りのことば』マザー・テレサ著／ホセ・ルイス・ゴンザレス-バラド編／渡辺和子訳（PHP文庫）

その他、Web記事、筆者の友人、知人のお話を参考にさせていただきました。
ありがとうございました。

本文イラスト＝瀬川尚志
編集協力＝月岡廣吉郎

本書は、書き下ろし作品です。
本書に登場する人物には故人も含まれます。

著者紹介
ささきかつお

1967年、東京都生まれ。
出版社勤務を経て、2005年頃よりフリー編集者、ライター、書評家として活動を始める。2016年に『モツ焼きウォーズ～立花屋の逆襲～』（ポプラ社）で作家デビュー。主な著作に『空き店舗（幽霊つき）あります』（幻冬舎文庫）、『ラストで君は「まさか！」と言う』シリーズ（共著、PHP研究所編）、『Q部あるいはCUBEの始動』『Q部あるいはCUBEの展開』（以上、PHP研究所）などがある。

ＰＨＰ文庫　心がフワッと軽くなる! 2分間ストーリー

2022年6月16日　第1版第1刷

著　者　　ささきかつお
発行者　　永田貴之
発行所　　株式会社ＰＨＰ研究所
東京本部　〒135-8137 江東区豊洲5-6-52
PHP文庫出版部　☎03-3520-9617(編集)
普及部　☎03-3520-9630(販売)
京都本部　〒601-8411 京都市南区西九条北ノ内町11
PHP INTERFACE　https://www.php.co.jp/
組　版　　月岡廣吉郎
印刷所　　株式会社光邦
製本所　　東京美術紙工協業組合

ISBN978-4-569-90223-4

PHP文庫

面白くて眠れなくなる植物学

稲垣栄洋 著

累計70万部突破の人気シリーズの植物学版。木はどこまで大きくなる？　植物はなぜ緑色？　想像以上に不思議で謎に満ちた植物の生態に迫る。

PHP文庫

コーヒーと楽しむ 心が「ホッと」温まる50の物語

西沢泰生 著

コーヒーが冷めないうちに読み切ることができるショートストーリー。ベストセラー作家が贈る、疲れた心に効く、真実の物語50を収録。

PHP文庫

「カムカムエヴリバディ」の平川唯一

戦後日本をラジオ英語で明るくした人

平川洌 著

2021年秋から約半年放送された朝ドラのキーパーソン・平川唯一。ラジオ英会話講師として戦後の日本を明るくした人の生涯を活写する。